MADAGASCAR

ET L'ALIMENTATION EUROPÉENNE

CÉRÉALES ET VIANDES

PAR

P. LOCAMUS

Créateur des Usines de Conserves de Diégo-Suarez

AVEC UNE PRÉFACE

De **M. de MAHY**, Député de la Réunion

Ancien Ministre de la Marine et des Colonies

PARIS

AUGUSTIN CHALLAMEL, Éditeur

17, RUE JACOB

LIBRAIRIE MARITIME ET COLONIALE

1896

MADAGASCAR

ET L'ALIMENTATION EUROPÉENNE

CÉRÉALES ET VIANDES

MADAGASCAR

ET L'ALIMENTATION EUROPÉENNE

CÉRÉALES ET VIANDES

PAR

P. LOCAMUS

Créateur des Usines de Conserves de Diégo-Suarez

AVEC UNE PRÉFACE

De **M. de MAHY**, Député de la Réunion

Ancien Ministre de la Marine et des Colonies

PARIS

Augustin CHALLAMEL, Éditeur

17, RUE JACOB

LIBRAIRIE MARITIME ET COLONIALE

—

1896

DÉDIÉ

A MM. LES MEMBRES

Du Groupe Colonial

De la Chambre des Députés

Paris, 12 novembre 1896.

CHER MONSIEUR,

Vous me faites l'honneur de me demander
mon avis sur votre nouveau livre. Laissez-moi
vous remercier d'abord, du bien que vous avez
dit de mes compatriotes, les ouvriers créoles de
Bourbon, dans votre précédent ouvrage.

Vous les avez vus à l'œuvre. Vous leur avez
rendu justice. Oui, il est rigoureusement éxact
de le dire : ils ont contribué au développement
de notre colonie de Diego-Suarez, que d'autres
créoles, nos volontaires, ont vaillamment dé-
fendue et délivrée des incursions des Hovas.

L'éloge que vous avez fait de l'ouvrier et des
cultivateurs est corroboré par le haut témoi-
gnage que les chefs militaires ont donné aux
soldats créoles de Bourbon pendant les deux
expéditions de Madagascar. Aujourd'hui, fidèle
à toutes ses traditions, la petite ile obtient enfin
l'application de la loi militaire. Elle offre à la
métropole l'élément essentiel sur lequel s'ap-
puiera la francisation de Madagascar et le
maintien de notre drapeau dans la mer des
Indes.

La sécurité est en effet la première et indispensable condition pour la mise en valeur du

grand domaine annexé à la France depuis plus
de deux cents ans, mais resté improductif jusqu'à cette heure, justement par suite des incer-
titudes jetées dans l'esprit public sur les intentions et jusque sur le droit même de la France.
Aujourd'hui les doutes sont dissipés, à quel
prix ? tout le monde le sait ! Il s'agit maintenant
de ne pas laisser dormir dans le sol, ou ce qui
est pire encore, de ne pas laisser accaparer par
nos rivaux les immenses ressources de ce pays.
Les *richesses de Madagascar* appartiennent à
la France. C'est la France, non l'étranger, qui
doit en profiter.

Vous les avez énumérées dans votre précédent
ouvrage.

Dans celui-ci vous donnez le plan d'exploitation rationnelle de l'une de ces richesses, *le
bétail*. Vous montrez que les capitaux français
peuvent trouver là des placements avantageux,
en même temps qu'ils nous affranchiraient du
tribut que la France paie à l'Amérique du Nord,
à la République Argentine et à l'Australie pour
l'importation des conserves et des viandes
congelées qui entrent pour une part chaque jour
plus grande et plus nécessaire dans l'alimentation publique et l'approvisionnement de nos
armées. L'intendance en a fait distribuer à nos
troupes, au cours des récentes manœuvres de

l'Est, et j'ai eu l'occasion d'en goûter, dans une vaste cuisine où s'étaient attablés une trentaine de soldats qui m'ont offert gaiement une assiettée de leur bouilli de bœuf malgache. Ils l'avaient assaisonné en vinaigrette. Avec cette viande, leur pain et une rasade de bière, ces jeunes gens ont fait un excellent déjeuner.

N'ayant pas de technicité industrielle et commerciale, il ne m'est pas permis de me prononcer sur votre plan d'organisation des usines, de fabrication et de placement des produits, non plus que sur les combinaisous et calculs financiers.

Mais ce que je peux attester, en connaissance de cause et en toute sûreté, c'est l'existence, l'abondance extrême de la matière première que vous vous proposez d'utiliser.

Nul pays n'est plus riche en viande que Madagascar. Quelques souvenirs empruntés à mon voyage de 1885 en donnent une idée :

« Prix de la viande à Vohémar :

Une cervelle de bœuf...	Quatre sous.
Les rognons.......... .	Quatre sous.
Le filet entier.........	Quatre sous.
Une épaule............	Quatre sous.
Une cuisse............	Quatre sous.
Un morceau quelconque.	Quatre sous.

« ..... Mon compatriote D. V. achète tous les jours une cuisse de bœuf, qu'il paie quatre sous, non pas quatre sous la livre ou le kilo, mais quatre sous la cuisse entière. Le soir à dîner, chez le commandant P..., nous avons eu un excellent filet, qu'il a payé quatre sous. Connaissant la généreuse hospitalité de nos officiers de marine, nous avions prié M. P... de nous traiter très simplement, à la spartiate. Comme nous lui faisions le reproche de manquer à sa promesse, en prenant place à sa table, richement garnie de vins fins et de mets exquis : « Voilà, « dit-il, un filet de bœuf qui me ruînera. Il m'a « coûté la somme exorbitante de vingt cen- « times. »

« ..... Au sortir du bois, le sentier serpente constamment au milieu de collines revêtues d'une couche verte de gazon où paissent de grands et paisibles troupeaux de bœufs..... Le pays est vraiment plantureux. Par moments, on se croirait en Normandie.....

« ...,. Nous sommes sur le territoire d'un petit chef qui vient au devant de nous et nous prie de visiter sa case. Il nous reçoit le mieux qu'il peut, nous fait asseoir, nous présente sa femme qui tissait une jolie *rabane*..... En signe de bonne amitié, il nous fait cadeau d'un bœuf..... Je ne voulais pas rester à court de politesse, j'ai profité d'un moment où le brave homme causait avec mes compagnons pour ouvrir furtivement mon porte-monnaie et en retirer quelques pièces d'or. « N'en faites rien, me dit à l'oreille l'inter« prète M. H., ce serait le blesser. Tantôt,. « tantôt, nous repasserons par ici. »

« Nous avons quitté l'aimable indigène àvec force poignées de main. Tout de suite M. H. m'a mis au courant de la civilité locale. Il ne faut pas avoir l'air de payer ou de rendre. Il faut faire un cadeau spontané qui ne dépasse pas la valeur de celui qu'on a reçu. Cinq francs en argent, c'est déjà beaucoup pour un bœuf à cette distance de Vohémar (une quinzaine de kilomètres). Une pièce d'or de cinq francs est une largesse royale. L'or est sacré.

« Donc, nous avons visité le village, nous nous sommes un peu promenés, puis reprenant notre route, j'ai offert, en souvenir, une petite pièce d'or. Grande joie, M. H. avait raison... les pauvres gens sont si contents qu'ils ajoutent au cadeau du matin, un grand panier de lait, de légumes et de bananes. Par bonheur, j'ai trouvé moyen de glisser une autre petite ¡ièce dans une dernière poignée de main, de sorte que le *vasaha*, l'homme blanc, est resté vainqueur dans cette lutte de prodigalités.

« ..... Tout près de la ville, une dernière prairie,

absolument plane, entourée de collines en amphithéâtre. Je me figure que ce sera le champ de courses lorsque Vohémar, débouché d'une si riche province sera devenue une grande ville. Pour le moment, cette prairie, extraordinairement touffue, est un charnier. Les pieds de nos chevaux se heurtent à chaque pas à des tas d'ossements. C'est le champ d'équarrissage. C'est là qu'on tue les bœufs pour en avoir la peau quand l'exportation des animaux vivants se ralentit. On fait sécher la peau. Tout le reste, la viande, les os, les cornes, le suif, les viscères. ., est abandonné aux oiseaux de proie et à la pourriture.

« Vous entendez bien, n'est-ce pas, Français mes frères !

« Il y a un pays où les animaux de boucherie et de basse-cour, le gibier, les grains nourriciers, en un mot, tout ce qui est nécessaire à la vie pousse à profusion, à ne savoir qu'en faire. Il y a dans ce pays des pierres précieuses, de l'or, et ce qui vaut mieux, du bois, de la houille, du fer, des quantités de matières premières, que nous ferions bien de prendre là, chez nous (comme fait l'Angleterre dans ses colonies) au lieu de rester tributaires de l'étranger. Ce pays, plus grand que la France est à peu près vide d'habitants et pourrait nourrir une population de quarante millions d'âmes. Les naturels sont doux, intelligents, assimilables, dévoués. De vastes espaces sont inoccupés. Ils attendent nos émigrants, que nous laissons se perdre (à raison d'une trentaine de mille par an) dans le monde entier..... »

Ce qui vient d'être dit de la province de Vohémar, est également vrai des territoires du Nord ; — de la vallée du Sambirano, en face de Nossi-Bé ; — de la province de Saint-Augustin, — de celle des Antanosses et des Betsiléos, et de presque toute l'ile. « Ce grand pays, à peu près inexploité, encore tout neuf, ce sol vierge, est à nous depuis plus de deux cents ans. Il nous appartient, il est notre propriété. »

Il faut que les Français s'y portent, de leur personne et de leurs capitaux.

Vous êtes, cher Monsieur, l'un de ceux qui ont donné le bon exemple. Si, comme j'en ai la ferme confiance, le succès couronne votre entreprise, je m'en réjouirai à double titre : à cause de vous, personnellement, qui méritez de recueillir la juste rémunération de vos travaux, et pour le Pays, dont la prospérité repose sur le bien-être individuel de ses enfants. Notre République trouvera, dans le patrimoine que lui a légué l'ancien régime, un adoucissement, peut-être la solution de la crise sociale qui tourmente la Société française. Là, dans cette France orientale, sont accumulées, comme à dessein par la Fortune, les plus sûrs éléments que nos hommes d'Etat puissent mettre en œuvre pour le relèvement de nos forces et pour la prospérité, la vitalité, la *durée* de notre race.

Avec tous mes souhaits, veuillez agréer, cher Monsieur, l'assurance de mes meilleurs sentiments.

F. DE MAHY.

MADAGASCAR

ET

L'ALIMENTATION EUROPÉENNE

CHAPITRE I

CONSIDÉRATIONS GÉNÉRALES. — RÉGIME ÉCONOMIQUE DE L'EUROPE. — DOUANES DES DIVERSES NATIONS. PRIX DE REVIENT DES PRODUITS INDUSTRIELS PROPORTIONNÉ AUX TARIFS DE DOUANE DE CHAQUE NATION. — LIBRE ÉCHANGE ET PROTECTION. — FRONTIÈRES FISCALES.

Avant de nous occuper des productions de Madagascar et du rôle que peut jouer cette vaste colonie dans notre alimentation, nous croyons devoir mettre sous les yeux du lecteur quelques observations générales sur la situation de l'Europe en général et de la France en particulier. Ce n'est qu'en étudiant le régime économique des diverses nations européennes que nous pourrons faire ressortir les avantages que Madagascar pourrait procurer non seulement à la France, mais encore à l'Europe entière.

L'avenir est aux pays neufs et si nous ne savons pas nous résoudre à retirer de nos colonies, par un fusionnement complet de leurs produits avec les nôtres, tout ce qu'elles peuvent nous donner, nous serons avant peu réduits à subir la loi de l'Étranger qui nous battra tour à tour sur le terrain économique, commercial et industriel. Si nous ne nous décidons pas à réagir et aménager nos productions en vue de ce fusionnement, la vieille Europe sera avant peu vaincue par les pays neufs, qui la ruineront.

Deux grands principes économiques contradictoires régissent les États d'Europe à l'heure présente : la protection et le libre échange.

La protection se traduit par des impôts de douane souvent excessifs, parfois prohibitifs. Le but déclaré de ces taxes énormes, c'est de protéger la production nationale contre la production étrangère.

Nous n'avons pas à faire ressortir ici, pour

le moment, les avantages et les inconvénients de la protection comparée au libre échange : nous nous bornerons à constater que la France est certainement le pays du monde où la protection est le plus accentuée.

Sauf en ce qui concerne la viande, la France récolte à peu près tout ce qui est indispensable pour l'existence matérielle de ses habitants, mais elle est loin de le produire aux prix les plus bas. C'est pour lutter contre la production étrangère dans des conditions économiques plus favorables, que la France a élevé les barrières fiscales qui la séparent du reste du monde.

Si les nations pouvaient se cantonner chacune chez elle sans inconvénient, si les chemins de fer, les bateaux à vapeur, le télégraphe et le téléphone n'avaient facilité les échanges et les comparaisons, le régime économique appliqué à la France ne présenterait que de minces inconvénients. Mais la vapeur et l'électricité existent, mais les relations de peuple à peuple sont inévitables, elles sont même avidement recherchées. Les échanges sont devenus une loi vitale et les divers peuples essaient de les développer à leur profit et au détriment de leurs voisins, qui sont devenus des rivaux.

On peut dire que les nations ne vivent financièrement que par leur mouvement d'importation et d'exportation et que le peuple le plus riche est celui qui exporte, qui transforme, qui échange le plus.

Or, la première des conditions pour pouvoir exporter et échanger, c'est d'avoir la liberté d'importation.

Par les impôts de douane, l'État n'a pas augmenté ou amélioré la production nationale, il a seulement voulu vendre plus cher les produits obtenus.

Le procédé économique le plus avantageux pour l'ensemble de l'humanité, ce serait évidemment que chaque peuple produisît, au meilleur marché possible, ce que son climat, son terrain, son industrie, son génie permettent d'obtenir et que la consommation en eût lieu librement en tous points.

De la sorte, on créerait, en chaque pays, les produits les plus favorables et chaque nation consommerait toutes choses aux prix les plus bas en se procurant du dehors ce qu'elle ne pourrait créer dans des conditions

de prix équivalentes. Tel serait le libre
échange absolu.

Mais la concurrence entre les nations n'a
pu se contenter d'une solution aussi simple
et aussi rationnelle. Sous coloration de
protéger le travail national, on a élevé des
barrières et exigé ainsi que l'humanité payât
beaucoup plus cher qu'il ne vaut chaque
produit du sol ou de l'industrie qu'elle
devrait consommer. Le fisc percevant des
droits dits compensateurs y a trouvé son
compte et nous nous sommes lancés dans la
protection à outrance.

Le premier résultat de la protection a été
de donner à toute chose une valeur fictive
qui ne correspond en rien à sa valeur réelle.
De là une augmentation sensible dans la
dépense de chacun, laquelle a exigé une
augmentation correspondante des salaires.

Nous voyons ainsi deux pays voisins, ayant
des productions analogues, tels que la France
et la Belgique, par exemple, avoir pour les
mêmes produits des cours différents ; nous
voyons les frais journaliers du travailleur
représenter une dépense deux fois plus élevée
pour le Français que pour le Belge. D'où la

nécessité inéluctable de majorer les salaires en France. Nos ouvriers n'en sont pas plus aisés, mais, à profession égale, ils ont besoin d'un salaire deux fois plus élevé que celui des ouvriers des nations voisines.

De là une répercussion fatale sur le prix des objets manufacturés et une majoration qui amènera, peu à peu, la ruine de nos industries. De là aussi une nouvelle tendance de protéger nos produits nationaux, qui se traduit par l'obligation imposée en général dans les cahiers des charges des travaux publics d'employer des ouvriers et des matériaux français; de là encore des primes à la construction des navires, à la navigation, etc.

De telle sorte que ce que l'État perçoit d'un côté, par les droits de douane, est forcément distribué sous une foule d'autres formes.

Il n'y a donc que peu d'avantages financiers à la protection inaugurée par nos législateurs. Notre situation douanière a permis aux autres États de se liguer contre nous et de soumettre toutes les productions de notre industrie à des taxes prohibitives. C'est ainsi que l'Amérique nous a fermé ses portes et que nos Chambres de commerce en sont réduites à pousser des cris d'alarme qui ne touchent pas nos législateurs.

Les lois Mac-Kinley ont plus nui à notre commerce et à notre industrie que les tarifs douaniers n'ont servi à notre agriculture.

Il y a, on le voit, de multiples inconvénients à créer une majoration fictive qui fait perdre à notre industrie les avantages qu'elle retirait de l'habileté professionnelle de notre main-d'œuvre et qui permet toutes les représailles.

Est-ce à dire que la France doive admettre en libre circulation tous les produits du dehors et renoncer totalement aux impôts de douane ?

Ce serait évidemment le rêve, mais telle n'est pas notre pensée.

La taxe peut facilement être maintenue sur tous les produits de luxe qui ne constituent pas une denrée de première nécessité. Elle peut encore subsister sur les objets manufacturés venant concurrencer sur notre marché des objets similaires. Mais elle devrait être abolie sur toutes les matières premières indispensables à notre industrie et que nous ne produisons pas ou que nous ne pouvons produire qu'à un prix de revient excessif.

La main-d'œuvre actuellement employée à la création de ces matières premières serait utilisée à leur transformation industrielle et notre commerce d'exportation bénéficierait de cette augmentation de production.

Ce qu'il faudrait surtout exempter de tout impôt, ce sont les céréales et les viandes qui forment la base de l'alimentation. Il faudrait que l'ouvrier pût vivre au meilleur marché possible, vivre étant le premier des besoins. Il faudrait donc admettre librement tout ce qui est destiné à l'alimentation populaire. Nous savons bien que les protectionnistes trouvent à cela une réponse facile.

L'alimentation provient de l'agriculture. L'agriculteur payant un fermage fort élevé, surchargé d'impôts, ne saurait lutter contre la production étrangère si des droits protecteurs ne venaient le soutenir.

D'abord nous ferons observer que ces arguments sont assez spécieux. S'il s'agissait de transformer notre régime économique par un remaniement complet des tarifs de douane, on pourrait peut-être trouver qu'il est injuste de frapper les produits du sol aussi lourdement alors que tant d'autres parties de la fortune publique échappent à l'impôt. On pourrait, par exemple, supprimer l'impôt foncier, la cote mobilière, la taxe des portes et fenêtres, etc., qui frappent indistinctement et on peut dire aveuglément, les divers contribuables, pour remplacer ces redevances par un impôt unique et progressif sur le revenu net.

En 1871, le même député Méline qui a soutenu la loi des douanes, soutenait, en un rapport fort éloquent, la théorie de l'impôt progressif sur le revenu devant le Conseil général des Vosges. Les besoins de sa politique semblent avoir donné une autre opinion au grand maître du protectionnisme.

On pourrait encore et surtout remplacer les contributions indirectes qui sont un impôt progressif à l'envers et dont l'iniquité est reconnue et proclamée par tous les économistes. Cette suppression des contributions indirectes, qui réduirait sensiblement le prix de vente au consommateur des produits agricoles, en augmenterait la consommation.

Les charges de l'agriculture seraient singulièrement allégées si on procédait ainsi et le fermier exempté d'impôts réclamerait moins de protection si, d'autre part, il trouvait pour ses produits un écoulement tout aussi rémunérateur et plus considérable.

A notre avis, le système protecteur, qui découle de la loi de douane de janvier 1892, a fait ses preuves. Il n'a créé aucun bien-être pour notre agriculture, il a ruiné notre industrie et, partant, notre commerce maritime. L'agriculture, qui devait bénéficier, prétendait-on, de ce régime, est toujours dans le même état de gêne et de marasme.

On a amené une augmentation fictive de la vie matérielle, sans obtenir, pour les produits du sol, une majoration équivalente. L'agriculteur, qui est lui-même un consommateur, paie beaucoup plus cher tout ce dont il a besoin et qu'il ne produit pas : par contre, il vend au même taux la totalité de ses récoltes, quand il n'y a pas infériorité de prix.

Le blé se vend 18 francs le quintal métrique ; le vin ne se vend plus : nous ne produisons pas la moitié de la viande que nous devrions produire et le consommateur paie chacun de ces produits plus cher qu'il ne se vendait avant la loi protectionniste de 1892. Où passe la différence? Entre les mains des agents des contributions et de la série d'intermédiaires qui sont nés du régime fiscal auquel nous sommes soumis.

Le protectionnisme a fait banqueroute à toutes ses promesses, à tous ses engagements.

Il ne pouvait en être autrement.

En cas de mauvaise récolte, d'insuffisance constatée, il faut fatalement abolir les droits pour appeler les produits du dehors qui doivent combler le vide ; et c'est alors que le paysan aurait le plus besoin de la majoration des prix pour se couvrir du défaut de quantité, que le législateur se trouve obligé d'accorder la liberté d'introduction.

La France, qui produit cent trente millions d'hectolitres de blé et n'en consomme que cent vingt, a une surproduction de dix millions d'hectolitres par an. Tant que cette surproduction se produit, on maintient les droits, ce qui ne peut améliorer la situation de l'agriculteur qu'écrase cette surproduction : que la récolte baisse au point d'être insuffisante, immédiatement on abolit les droits, permettant ainsi un nouvel écrasement du producteur, qui voit baisser la valeur de son maigre produit.

C'est ainsi que le prix du blé, qui était de 25 francs le quintal avant la loi protectionniste, est graduellement descendu à 20 francs, puis à 18 francs et même à 15 francs. A quoi a servi la protection?

Le consommateur, par contre, supporte le contre-coup de cette situation anormale, artificielle, dans laquelle l'État a la prétention de réglementer le cours des denrées.

Enfin les impôts nouveaux ont servi de prétexte à la création d'une armée de fonctionnaires, qui absorbent plus que ne produit la loi néfaste de 1892; les impôts passeront peut-être, mais les fonctionnaires resteront à coup sûr.

Donc, sans effet à l'égard du producteur, gênante pour le consommateur, la loi Méline a créé des charges budgétaires sans compensation.

La prohibition des céréales étrangères a servi de prétexte aux spéculateurs pour majorer leurs prix, mais les producteurs, écrasés sous le poids des impôts, n'ont pas tiré un meilleur parti de leurs récoltes, que des frais de transport excessifs ne permettent pas de diriger sur les marchés de vente.

Telle est la situation en France.

Si nous jetons un coup d'œil sur les pays voisins, nous constatons que leur mouvement industriel et le bien-être des habitants est en raison inverse du rendement des douanes.

L'Angleterre domine l'Europe avec un mouvement commercial et maritime auquel nul autre ne peut être comparé. Nous voyons ensuite un petit État, la Belgique, tenir un rang important dans le mouvement commercial du monde et produire, toutes proportions gardées, une exportation double de la nôtre.

A quoi tiennent ces situations respectives des États européens?

A plusieurs causes, évidemment: mais il faut mettre en tête la différence des taxes de douane. La même main-d'œuvre coûte deux fois moins cher en Belgique qu'en France: d'où un écart sensible dans les prix de revient. Si la main-d'œuvre est tout aussi chère en Angleterre qu'en France, nous constatons que l'ouvrier anglais donne un rendement plus considérable que l'ouvrier français, en raison de la différence de régime. A prix égal, le régime alimentaire anglais représente une reconstitution de forces double de ce qu'est l'alimentation française. C'est parce que le peuple anglais consomme en moyenne 85 kilogrammes de viande par tête et par an, alors que le français n'en consomme que 46 kilogrammes.

De là une différence musculaire au profit de l'ouvrier anglais, qui a été constatée par de nombreux rapports officiels.

Nous pouvons poser ceci en principe : abstraction faite des différences de régime qui tiennent à la race elle-même, le coût de la vie matérielle, dans les diverses nations est proportionnel à l'importance des taxes de douane qui frappent les produits alimentaires.

Par suite une statistique rigoureuse permettrait d'établir la constatation suivante : l'agriculteur n'a retiré aucun avantage des droits protectionnistes créés à son profit puisque sa récolte ne se vend pas plus cher qu'autrefois; par contre, ses frais de nourriture et d'entretien ont augmenté dans une proportion considérable.

Signaler un tel état de chose serait insuffisant si, à côté de ce mal, nous ne présentions un remède possible.

Nous ne croyons pas que le libre échange absolu puisse être obtenu jamais de nos législateurs; nous pensons d'ailleurs qu'il n'est pas indispensable d'y recourir pour porter remède au malaise dont souffre l'agriculture.

Notre opinion est qu'il suffirait de chercher quelles sont les denrées de consommation populaire et courante que la France peut produire, tant dans la Métropole que dans ses colonies; nous pensons qu'il faudrait alors, en abolissant les taxes sur ces produits, en faciliter l'échange. Ce procédé seul peut permettre un nivellement entre les besoins et les productions de chaque pays, au grand profit des consommateurs.

Nous nous bornons, pour les produits alimentaires, à préconiser l'abolition de l'impôt de douane entre la France et ses colonies; nous n'étendons pas cette demande jusqu'aux pays étrangers, parce que nous estimons que, s'il se pratiquait une sorte de fusionnement entre tous les pays qui vivent à l'abri de notre drapeau, il y aurait une production suffisante pour n'avoir pas à recourir à l'étranger.

Dans ces limites, il nous semble que notre thèse ne doit pas rencontrer d'adversaires irréductibles et il nous paraît rationnel de croire que les législateurs pourraient accueillir une telle proposition, si elle leur était soumise.

La douane constitue une frontière autrement infranchissable que les fleuves et les montagnes ; cette muraille fiscale peut, suivant les circonstances, ruiner un pays ou lui donner des armes invincibles.

Les tunnels ont pu percer les montagnes, les ponts franchissent les torrents les plus impétueux ; mais combien d'objets sont arrêtés par l'impossibilité de supporter la taxe de douane.

Si la France, tant européenne que coloniale, ne formait qu'un vaste et même État échangeant ses produits sans autre dépense que celle du transport, nous verrions, à bref délai, abonder sur nos marchés toutes les denrées alimentaires nécessaires à l'existence, la vie matérielle serait plus facile, plus saine et moins coûteuse et nous aurions, par suite, une main-d'œuvre moins chère. L'industrie profiterait largement de cette situation pour améliorer ses prix de revient.

Si, d'autre part, nos colonies consommaient de préférence les produits nationaux, nous verrions le commerce d'échange prendre un nouvel essor et notre exportation reconquérir le rang qu'elle a longtemps tenu.

En ce qui concerne Madagascar, le Gouvernement paraît être entré dans une bonne voie et nous ne pouvons que faire des vœux pour qu'il y persévère.

Nous donnons ici le compte rendu analytique de la partie de la séance de la Chambre du 19 mars 1896, dans laquelle la prise de possession de Madagascar a été acceptée par un vote presque unanime (445 voix contre 8). C'est un ordre du jour présenté par MM. de Mahy et Brunet, les vaillants députés de la Réunion, qui a consacré cette situation.

Dans cette même séance, a été présenté le projet du Gouvernement, concernant les douanes à Madagascar, que nous résumons ci-après :

« M. Berthelot, ministre des affaires étrangères, rappelle les conditions dans lesquelles a eu lieu la soumission de la reine, et déclare qu'en raison de son caractère unilatéral l'acte du 18 janvier n'avait paru au gouvernement constituer un traité exigeant la ratification du Président de la République. Il explique pourquoi on a écarté le système de l'annexion.

« Non seulement l'acte signé par la reine Ranavolo n'entraine pas d'annexion, mais le Gouvernement français n'y prend aucun engagement financier. En outre, cet acte ne renferme ni clause ressemblant à un traité de commerce, ni clause relative à la propriété des Français ou semblable à celles qui peuvent régler leur état dans un pays étranger. »

« La combinaison adoptée est intermédiaire entre l'annexion et le protectorat, à caractère bi-latéral. Ce système s'appuie sur de nombreux précédents.

« D'après le système que nous avons adopté pour Madagascar, la souveraineté extérieure est réservée à la France, seule chargée des relations entre l'ile de Madagascar et les puissances étrangères. Mais la souveraineté intérieure de l'ile, ou plus exactement une portion de cette souveraineté, est maintenue par la France au gouvernement de la reine

Ranavolo, à laquelle nous conservons le titre et les honneurs de reine de Madagascar. » (Rumeurs sur divers bancs.)

« Le ministre donne les motifs qui ont guidé le gouvernement français. Il aurait fallu nommer de nombreux fonctionnaires, prendre des responsabilités financières :

« Au contraire, dans les conditions actuelles, les réformes seront décidées par le gouvernement français. (Très bien ! très bien! à l'extrême-gauche.)

« Nous ne faillirons pas aux devoirs que nous impose cette situation prépondérante ; nous introduirons dans l'organisation de l'île les réformes que commandent l'esprit de la civilisation moderne et les traditions de la République française. » (Applaudissements à gauche.)

M. Berthelot dit que pour la juridiction nous nous conformerons aux règles que le droit international détermine au cas où la souveraineté d'un territoire est, par le fait des armes, remise entre de nouvelles mains.

Il déclare en terminant :

« Espérons que, grâce à l'énergie de ses citoyens, la France saura tirer parti de cette magnifique possession. C'est un territoire neuf qui abonde en richesses latentes, susceptibles d'être développées par le concours des populations indigènes et de la colonisation française.

« L'île de Madagascar, fécondée par les capitaux et le travail des colons français, atteindra sans doute la même prospérité que les florissantes colonies anglaises et hollandaises de l'Inde et de Java, et justifiera les sacrifices que nous avons faits pour nous assurer cette belle acquisition, honneur et puissance future de la France nouvelle. » (Applaudissements à gauche. — La clôture!)

« M. de Mahy propose de clore cette grande discussion par un ordre du jour approuvant la notification.

La clôture est prononcée.

Le président annonce qu'il a reçu deux ordres du jour : l'un de MM. de Mahy, Brunet, est ainsi conçu :

« La Chambre approuvant la notification aux puissances étrangères de la prise de possession de Madagascar, passe à l'ordre du jour. »

La priorité a été demandée pour l'ordre

du jour de M. de Mahy sur un projet de résolution de M. Delbet relatif à l'esclavage.

M. Léon Bourgeois accepte l'ordre du jour jour de M. de Mahy.

« En limitant, comme l'honorable M. de Mahy le propose, l'approbation de la Chambre à la déclaration de prise en possession, la Chambre exprimera d'une façon très claire que c'est là seulement l'ordre de questions de nature à être notifié aux puissances étrangères (Très bien! très bien!), et que les actes par lesquels la France a réglé l'organisation intérieure de Madagascar, ses relations avec la reine sont choses qui concernent la France seule et n'ont pas à être notifiées aux puissances. » (Applaudissements.)

« De son côté, le gouvernement, pour manifester nettement sa volonté d'associer étroitement la Chambre à l'œuvre poursuivie, déposera, après le vote de l'ordre du jour. s'il est adopté, les deux projets concernant la conversion de l'emprunt de Madagascar et l'établissement du régime douanier dans l'île.

« La Chambre pourra ainsi régler. dans sa souveraineté, le régime ultérieur de l'île de Madagascar. » (Applaudissements.)

« L'ordre du jour de M. de Mahy est adopté par 445 voix contre 8.

« M. Guieysse, ministre des colonies, dépose les projets annoncés relatifs au régime douanier et à la conversion de la dette de Madagascar.

M. le Ministre des colonies déposait alors deux projets de loi, l'un concerne la conversion de l'emprunt contracté en 1886 ; l'autre porte application à Madagascar du tarif général des douanes.

Il résulte de ce deuxième projet que les produits français seront exempts de droits à Madagascar, mais il est indispensable que les produits malgaches jouissent de la même immunité à leur entrée en France.

Nous sommes convaincus que MM. de Mahy et Brunet ne manqueront pas de réclamer cette assimilation complète qui sera un des éléments les plus sûrs du développement rapide de Madagascar.

Quoique libre-échangiste convaincu, nous ne demandons pas un libre-échange absolu avec les pays étrangers ; nous nous bornons à préconiser le libre-échange le plus large entre la France et ses colonies, et sur les matières premières que la France ne peut produire, quelle que soit leur provenance. La matière première est la base de toute industrie; la France représente une trop grande force industrielle pour que nous ne devions pas lui conserver à tout prix sa suprématie sur ce point. Lorsque le libre-échange que nous indiquons aura porté tous ses fruits, il est probable que l'opinion publique sera suffisamment éclairée pour amener une extension de ce principe.

CHAPITRE II

On peut diviser les produits alimentaires
de l'Europe en deux grandes catégories :

1° Ceux dont l'Europe produit plus qu'elle
n'en consomme ;

2° Ceux dont l'Europe consomme plus
qu'elle n'en produit.

L'Europe entière, sauf l'Angleterre, produit
plus de blé qu'elle n'en consomme. Sa production est de cinq cents millions d'hectolitres
par an. L'Angleterre libre-échangiste se préoccupe peu de sa situation ; l'Amérique lui
fournit tout ce qui lui manque, à un prix
très inférieur.

Par contre, il n'y a que deux nations en
Europe qui produisent plus de viande qu'elles
n'en consomment : la Russie et la Hongrie.

Voilà donc deux produits essentiels, qui forment la base de l'alimentation européenne, et qui se trouvent classés chacun dans une catégorie différente des deux divisions primordiales que nous avons prévues en tête de ce chapitre.

Nous croyons utile d'indiquer les raisons qui ont amené ce manque d'équilibre ; quand nous connaîtrons les causes, il nous sera plus facile de vaincre les effets.

Dans tous les pays du monde civilisé, la base de l'agriculture a toujours été la production des céréales et, en première ligne, du blé.

'C'est, en effet, la culture essentielle, celle à laquelle on songe tout d'abord, celle qui demande le moins de capitaux dans les pays neufs et celle qui donne les résultats les plus rapides. Partout où se forme une agglomération humaine, le consommateur est tout trouvé et on comprend que le premier souci de l'agriculteur soit d'ensemencer le sol qu'il occupe. Cela explique la surproduction du blé partout où les agriculteurs sont nombreux.

Bientôt la récolte est surabondante, il y a

pléthore et il faut chercher à utiliser le surcroît de production.

Il faut le diriger sur le centre voisin et, si celui-ci est approvisionné, il faut rechercher le moyen de transporter sa récolte à une plus grande distance, ou à la transformer.

Le transport n'est pas toujours facile, il est généralement fort onéreux et, parfois, il est même rendu impossible par les frais énormes qu'il occasionnerait.

De là l'obligation de transformer les récoltes pour les rendre plus aisément transportables.

C'est en vertu de cette loi générale que les contrées ayant une population peu dense, ne possédant que des voies de communication insuffisantes ont dû se résoudre à devenir des pays d'élevage. Le cheval, le bœuf, le mouton ne sont autre chose que de la récolte mobilisée, de la récolte qui marche.

Par le bétail, on peut facilement transporter les denrées d'un point à un autre : pas besoin de routes, de chariots, de voies ferrées ou matériel fluvial, le moindre sentier suffit et, à défaut de sentier, on peut même parcourir de vastes espaces à travers les plaines et les montagnes.

Aussi constatons-nous que les grandes productions de bétail correspondent aux grandes productions de céréales ou aux vastes pâturages naturels dans des contrées à population disséminée. On peut dire que la population de bétail est répandue sur la terre en raison inverse de la population humaine.

C'est ainsi que la Russie fournit à la fois un excédant de céréales et de bestiaux en raison de l'obligation de transformer en viande ce qu'elle produisait en trop de céréales, jusqu'au moment où l'avilissement du prix de la viande a obligé l'agriculteur à exporter une partie de ses récoltes.

Et ceci est vrai pour tous les pays du monde : pour l'Amérique, pour l'Asie, pour l'Australie, comme pour l'Europe, c'est une loi générale à laquelle aucune contrée n'a pu se soustraire. Elle est basée sur l'intérêt même du producteur, ce qui est encore le meilleur excitant possible.

Mais si le bétail offre l'avantage d'être une récolte qui se meut, ce ne peut être que d'un mouvement lent et coûteux. Il faut, en route, nourrir les troupeaux, les parquer le soir, les soigner, les surveiller. De telle sorte que ce qu'il est possible et avantageux de faire pour quelques centaines de kilomètres dans des pays déserts ou peu cultivés, devient impossible et trop onéreux, quand il s'agit de parcourir de grandes distances ou de traverser des pays agricoles.

Aussi les populations qui ont créé les vastes troupeaux dont nous parlons ci-dessus, dans le but de réaliser plus facilement leurs récoltes, ont amené l'avilissement du prix de la viande, lequel est subordonné à la loi inéluctable de l'offre et de la demande.

D'où l'obligation pour les pays de grand élevage, tout en développant le nombre de leurs troupeaux, de chercher un débouché pour leur surproduction de viande. Ils ne l'ont pas toujours trouvé.

De là, une répercussion sur les récoltes qui, n'étant plus absorbées totalement par les troupeaux, ont dû prendre la direction des pays fortement peuplés et essayer de forcer leurs marchés.

De telle sorte qu'on peut poser en principe que les pays qui ont eu la sagesse de développer d'abord leur élevage ont fini par avoir en surabondance et bestiaux et récoltes diverses.

Il est vrai qu'il s'agit de pays dans lesquels les terres n'ont presque pas de valeur, où l'on trouve de la main-d'œuvre à bas prix, qui possèdent, par leurs troupeaux, des engrais en grande abondance, mais qui ont à lutter contre l'avilissement constant des prix de chaque denrée.

C'est contre les productions de ces pays privilégiés que nos législateurs ont voulu protéger notre agriculture en érigeant les murailles fiscales que nous avons signalées dans le chapitre précédent.

N'y avait-il pas un moyen plus efficace de venir en aide à nos paysans ? Nous croyons qu'on aurait dû le chercher dans une autre voie et qu'on aurait pu le trouver.

Nous avons vu que la Russie, à laquelle nous faisions allusion ci-dessus, possède un trop plein énorme de viande et de céréales.

Nous avons aussi indiqué que, seule en Europe, l'Angleterre ne produisait pas assez de blé pour sa consommation. Elle demande à la Russie et à l'Amérique de combler ses vides en cette matière et son régime douanier offre cet heureux résultat qu'elle peut consacrer de notables quantités de blé à l'élevage de ses bestiaux et, par suite, donner à sa population une alimentation qui en double la valeur musculaire.

Ceci nous amène tout naturellement à examiner la situation des contrées européennes qui sont obligées de faire venir du dehors les produits alimentaires (1).

En tête, nous mettrons l'Angleterre, puis la Suisse, l'Allemagne, l'Autriche et la Belgique : nous terminerons par la France à laquelle nous consacrerons notre prochain chapitre.

Nous voulons établir que le remède à appliquer au malaise dont souffre notre agriculture, serait l'affectation de partie de notre

(1) Voici en quels termes M. Louis Passy s'exprime à ce sujet :

« La question du blé est la question vitale de l'agriculture pour l'Europe tout entière. Le problème du blé est posé aussi vivement en Angleterre qu'en France, aux Etats-Unis que dans la République Argentine. M. Sagnier, analysant une enquête officielle sur le prix moyen de revient du blé aux Etats-Unis, déclare que la récolte du blé en 1893, avait entraîné, pour les cultivateurs américains, une perte d'une centaine de millions... D'autre part, le rapport annuel de M. Craigie, directeur de la statistique agricole de l'Angleterre, relate qu'en 1894, les emblavures de froment se sont relevées, en Angleterre, de 30.000 acres. L'Angleterre aurait-elle le sentiment du danger qu'elle court en ne produisant que le tiers de sa consommation en blé ?

« C'est la Russie qui, aujourd'hui, marche en avant et doit déloger les Etats-Unis du premier rang d'expéditeur de blé ».

récolte de blé à la production de viande de boucherie, ainsi que cela se pratique ailleurs.

L'Angleterre est obligée de puiser au dehors une grande partie de son alimentation. La quantité de viande de boucherie consommée annuellement par l'Angleterre, en sus de la production indigène, dépasse 600.000 tonnes, représentant six cents millions de francs ; elle puise au dehors, en outre, les deux tiers du blé nécessaire à sa consommation.

Or l'Angleterre est, de tous les états d'Europe, celui qui consacre la plus grande quantité de blé à l'alimentation de ses bestiaux.

La viande de boucherie ainsi obtenue est éminemment supérieure comme qualité et le rendement se traduit par un bénéfice de plus de 50 pour 100 sur la valeur du blé consommé.

Les bœufs de la race Durham, universellement renommés, sont alimentés à l'aide d'une ration journalière qui comporte de 2 à 5 kilogrammes de blé.

La viande de boucherie des animaux anglais contient plus de matière grasse que de substance azotée sèche et, dans le corps tout entier de ces animaux, les substances grasses sont de beaucoup les plus abondantes : à ce point que, chez les bœufs engraissés pour le marché, on trouve deux à trois fois autant de graisse que de substance azotée sèche ; chez les moutons, la proportion s'élève assez ordinairement à 4 pour 1. (Lawes et Gilbert).

Certains éleveurs donnent le blé naturel, comme nous donnons l'avoine à nos chevaux ; d'autres le donnent concassé ou grossièrement broyé ; d'autres le donnent à l'état de farine et son ; enfin certains donnent cet aliment cuit et délayé ou même sous forme de pain. Mais quel que soit le mode employé, il faut ici constater le succès de cette alimentation et en recommander l'usage à nos éleveurs et à nos agriculteurs.

La Suisse vient après l'Angleterre pour l'utilisation du blé dans l'alimentation des bestiaux.

Certains auteurs affirment même que la consommation du blé par les animaux de boucherie est proportionnellement plus élevée en Suisse qu'en Angleterre.

Pourtant la Suisse, pays montagneux d'un accès difficile, paie le blé beaucoup plus cher que toutes les autres contrées européennes. Il est vrai que, là plus que partout ailleurs, il est avantageux de remplacer par des bestiaux les produits du sol, afin d'éviter les frais de transport des récoltes. Il est plus avantageux de combler le déficit de la récolte de céréales par le transport d'aliments divisibles en poids légers et de transformer le tout en animaux de boucherie, et en laitage d'un rendement beaucoup plus élevé.

En dehors de ce qui est indispensable à la nourriture des habitants de chaque ferme, l'agriculteur suisse utilise toute sa récolte à l'élevage. C'est la façon la plus pratique d'en tirer parti.

En Allemagne, l'alimentation par le blé donne des résultats surprenants. Ce sont des aliments cuits qui sont donnés aux bestiaux et qui produisent un engraissement que n'atteint aucun autre pays d'Europe.

L'Autriche marche dans la même voie, quoique cet État soit moins favorisé que les autres nations européennes. La surproduction de viande de Hongrie suffit largement pour combler le déficit de l'Autriche et, par suite, la transformation des céréales en viande de boucherie est moins avantageuse pour l'éleveur qu'elle ne pourrait l'être dans les pays où le déficit de viande maintient la fermeté des prix.

En Belgique, l'alimentation par le blé donne d'excellents résultats et la viande de boucherie est produite à un prix de revient sensiblement inférieur à celui de la viande de France. C'est pourquoi, malgré les tarifs de douane et bien que ne produisant pas une quantité suffisante de viande pour sa population, la Belgique inonde de ses bestiaux notre marché de la Villette.

C'est que la Belgique a créé chez elle un marché important de viande congelée et de conserves provenant de tous les pays du monde, qu'elle a eu la sagesse de faciliter l'introduction de cette viande qui comble le déficit de sa production indigène et qui lui permet de nous expédier une quantité notable d'animaux vivants. Ces animaux, alimentés avec une méthode très avantageuse, sur des terres d'un loyer peu élevé, dans un pays où la main-d'œuvre n'est pas coûteuse, ont un prix de revient inférieur de 30 pour 100 à celui des mêmes animaux qui sont élevés en France.

Mais c'est certainement aux Etats-Unis que l'alimentation par les céréales a donné les résultats les plus surprenants. Tous les systèmes ont été essayés, tout a réussi. Les animaux ont été nourris avec du blé, avec de l'orge, de l'avoine, du maïs, du pain, de la farine, de la bouillie, de la pâte, etc. Toutes les tentatives ont été faites et on peut dire que toutes ont donné un égal succès.

Le maïs a produit son effet ordinaire de digestion difficile : on en a doublé la ration en le concassant pour en faciliter l'assimilation. Les animaux ont fini par s'y habituer et engraisser à ce régime, le corps ne prenant que ce qui lui était nécessaire et éliminant le surplus.

Et alors, avec l'esprit pratique qui caractérise les anglo-américains, les éleveurs ont pris les produits de la digestion contenant une grande partie d'aliments non assimilés et s'en sont servis pour engraisser des porcs.

La nourriture est ainsi doublement utilisée (1).

(1) Voici le tableau de la population de bétail dans les divers Etats européens en 1895 :

ÉTATS	TÊTES DE BÉTAIL		
	Bœufs	Moutons	Porcs
Russie	24.609.264	44.465.454	9.242.997
Allemagne	15.786.764	19.000.000	9.206.195
France..........	13.275.025	21.791.909	7.145.000
Angleterre	11.343.586	33.533.988	4.350.000
Autriche........	8.643.936	3.186.787	3.544.000
Italie	5.000.000	6.900.000	1.800.000
Hongrie........	4.879.000	10.594.831	4.803.000
Hollande........	1.525.000	1.470.000	500.000
Belgique........	1.400.000	375.000	650.000

Depuis 1886 jusqu'à 1895, la France a conservé le même nombre de bœufs ; elle a vu diminuer d'un million le nombre de ses moutons et augmenter d'un million et demi le nombre de ses porcs.

En viande de boucherie cela représente :

Perte un million de moutons à 25 kilog....	25.000	tonnes
Gain un million cinq cent mille porcs à 100 kilog. l'un	150.000	—
Augmentation......	125.000	tonnes

En neuf ans, l'augmentation de production n'a été que de 125.000 tonnes.

Pour nous résumer, en Europe, nous voyons les agriculteurs de tous les pays ne pas hésiter à transformer en viande une partie du blé de leur récolte. Nous allons examiner la situation de la France à ce point de vue ; nous pourrons ensuite, en ajoutant aux produits de la métropole ceux que donne et que pourrait donner Madagascar, établir le rôle que l'avenir devrait nous réserver si nous voulions utiliser nos ressources au point de vue de l'alimentation européenne.

CHAPITRE III

La France consomme annuellement cent vingt millions d'hectolitres de blé pour ses semailles, son industrie et son alimentation ; elle en produit de cent trente à cent quarante millions d'hectolitres, avec une progression constante par suite de l'utilisation de nouveaux procédés, de l'emploi des engrais, etc.

Le blé a un poids de 70 à 80 kilogrammes par hectolitre. La production varie de 6 à 30 hectolitres à l'hectare, avec une moyenne de 17 hectol. 50.

Donc, la France produit plus de blé qu'elle n'en consomme. La surproduction annuelle est de 15 pour 100 environ.

Sauf l'Angleterre, tous les États européens sont dans le même cas.

Mais comme l'Angleterre libre-échangiste ouvre ses portes à tous les produits du dehors, ce sont la Russie et les États-Unis qui comblent son déficit.

Sur quel marché la France peut-elle diriger son excédent de blé? Sur aucun.

De là le malaise dont souffre notre agriculture.

Quel est le remède préconisé par toutes les sociétés agricoles?

Accroître le rendement par l'amendement des terres et l'emploi des engrais ! !

Il serait évidemment préférable pour chaque agriculteur de voir doubler la quantité de ses produits. Mais ce n'est pas là un remède à la crise agricole.

Que fera le cultivateur lorsqu'il aura augmenté de 25 pour 100 le rendement de ses terres? La France produira alors cent soixante-dix millions d'hectolitres de blé, et comme la consommation de cette denrée est stationnaire à cent vingt millions d'hectolitres, il y aura un trop plein de cinquante millions d'hectolitres qui viendra encore peser sur les cours et en activera la dépression.

Produire davantage est une excellente chose qu'il faut évidemment encourager.

Mais ce qu'il faut rechercher surtout, ce sont des consommateurs de notre blé.

Jetons maintenant un coup d'œil sur la production et la consommation de la viande.

La France produit annuellement 1.680.000 tonnes de viande de boucherie.

Elle en consomme 1.900.000 tonnes.

L'augmentation de la production est constante ; mais l'augmentation de la consommation l'est aussi ; elle dépasse même sensiblement celle de la production.

En 1840, la France produisait 682.000 tonnes de viande de boucherie. La consommation annuelle était de 20 kilogrammes par habitant, soit environ 700.000 tonnes, avec un déficit de 18.000 tonnes seulement.

En 1895, la France a produit 1.680.000 tonnes avec une consommation de 1.900.000 tonnes, soit un déficit de 220.000 tonnes avec une consommation de 46 kilogrammes par habitant.

Le déficit est d'environ 12 pour 100 de notre production.

La consommation de la viande doit encore s'accroître sensiblement, avec les progrès du bien-être. En un demi-siècle, la moyenne de consommation par habitant a doublé. Il faudrait qu'elle doublât encore deux fois pour être dans la proportion normale donnée par les commissions sanitaires. La nourriture de l'homme devrait comporter une consommation annuelle de 100 kilogrammes de viande pour permettre le développement complet de la force musculaire.

Les efforts des hygiénistes doivent tendre vers ce résultat.

Prenons comme base la ration militaire dans les diverses nations européennes.

Nous trouvons :

En France......................	300 gr.	
En Angleterre...................	340 —	
Dans les Colonies anglaises........	455 —	
En Allemagne { Ration ordinaire.	150 —	
Aux manœuvres.	250 —	
En campagne....	375 —	

La ration hospitalière varie de 120 à 140 grammes de viande *cuite,* soit 250 grammes de viande crue.

D'après les travaux de Liébig, Dumas et Boussingault, la ration journalière nécessaire à l'homme adulte est de 750 grammes pain ;

. 500 grammes viande ; 250 grammes légumes.

On peut donc dire, en résumé, que la ration de viande qui a été universellement préconisée, tant pour le développement que pour l'entretien des forces humaines, est de 120 kilogrammes au minimum par an ; les savants cités ci-dessus la portent à 180 kilogrammes.

Si nous prenons la première quantité comme base d'appréciation, et si nous admettons que les femmes, les enfants et les vieillards ne consomment qu'une demi-ration, nous trouvons que notre alimentation annuelle devrait comprendre :

Pour les douze millions d'hommes adultes........ 1.440.000 tonnes

Pour les vingt-huit millions de femmes, enfants ou vieillards............ 1.680.000 —

En tout............... 3.120.000 tonnes

La France ne produit que .... 1.680.000 —

ce qui causerait un déficit de .... 1.440.000 tonnes

Ce déficit serait de 2.160.000 tonnes si nous avions adopté le chiffre fixé par Boussingault, Dumas et Liebig.

Malheureusement le haut prix de la viande et l'insuffisance de la production indigène ont réduit nos nationaux à ne consommer que 46 kilogrammes de viande par habitant, au grand détriment de notre hygiène et de nos forces musculaires.

Payen a constaté, en France et à l'étranger, les consommations annuelles ou journalières par région données par le tableau ci-contre.

Pour fournir à une consommation de viande correspondant à 0 kilog. 660 par jour pour les ouvriers manuels, soit 237 kilogrammes par ouvrier et par an, il faudrait porter à 5.000.000 de tonnes notre production de viande de boucherie.

Vainement a-t-on fait appel aux viandes du dehors; celles-ci n'ont joué qu'un rôle secondaire dans l'alimentation.

Les difficultés du transport, soit des animaux vivants, soit des viandes congelées, les taxes de douane, inspection, etc., ont limité cette introduction à 200.000 tonnes, laissant un déficit de 1.400.000 à 2.000.000 de tonnes.

1° EN FRANCE RATIONS ANNUELLES	PAIN	POMMES DE TERRE	VIANDE	AZOTE	CARBONE	GRAISSE
Agriculteur des fermes de Vaucluse ..	390k	90k	19k	8k080	183k 180	29k 324
Agriculteur du canton de Vaud.......	286	365	57,200	10,165	181,137	28,243
Ouvrier laboureur du Nord..........	460	350	40	11,426	259,339	39,640
Ouvrier agriculteur de la Corrèze.....	219	369	22	8,650	259,360	31,409
2° ÉTRANGER RATIONS JOURNALIÈRES	FARINE DE MAIS		FROMAGE			
Nourriture habituelle en Lombardie...	1k 520	»	0k 040	0k 02760	0k 69460	0k 14106
Ouvriers en Irlande	..	6k 346	0,050	0,0185	0,6698	0,0248
	PAIN		VIANDE			
Ouvriers anglais travaillant au chemin de fer de Rouen	0k 750	1k	0k 660	0,0319	0,4841	0,022

Il nous faut les demander soit à nos colonies, en favorisant leurs produits, soit à l'élevage national, en lui indiquant les motifs impérieux et économiques qui doivent transformer nos produits agricoles, soit partiellement à la métropole et à nos colonies.

Tous les hygiénistes qui ont étudié la question de notre alimentation nationale ont constaté l'insuffisance de notre consommation de viande.

En Angleterre, la population des grandes cités a atteint la consommation préconisée. L'ouvrier y est mieux nourri qu'en France et fournit un travail correspondant à son régime alimentaire.

« On remarque, dit Payen, que sous l'influence d'un emploi considérable de force musculaire, la plus grande augmentation de dépense à laquelle la nourriture doive pourvoir, est celle que représente l'azote. Telles sont aussi les combinaisons que l'on doit tirer de l'examen des rations alimentaires qui correspondent au maximum de travail des hommes et au travail le plus économique en définitive.

« C'est à ce point que d'habiles entrepreneurs anglais, remarquant l'influence si défavorable sur le travail effectif d'un régime alimentaire trop abondant en substance farineuse (pain, pommes de terre, riz) et trop pauvre en matière azotée (viande), comme l'est d'ordinaire celui des ouvriers étrangers à l'Angleterre, ont exigé un changement de régime qui introduisit dans la ration des doses convenables de viande, en supprimant l'excès nuisible de pain, et dès lors ils ont pu obtenir de ces hommes la même somme de travail que des ouvriers anglais. »

M. Marchal, dans son étude des *Viandes de boucherie*, constate le même fait, après MM. Boulay et Nocard, s'exprimant ainsi :

« Faut-il rappeler ces ouvriers des forges du Tarn qui, nourris d'aliments végétaux, perdaient chaque année et par homme, quinze journées de travail et qui, mis au régime de la viande, ne perdaient plus que trois jours par an? Et ces ouvriers anglais employés à la construction du chemin de fer de Paris à Rouen qui, nourris de viande rôtie, produisaient un tiers de plus de travail que les ouvriers français soumis au régime du bouilli? Faut-il rappeler les forges d'Ivry qui, à leur fondation, furent obligées de faire venir des ouvriers d'Angleterre jusqu'au jour où les ouvriers français, mis au même régime, eurent acquis la même vigueur, la même résistance. »

Pour pouvoir consommer normalement, il faudrait tripler notre production de viande.

Quel est l'état de la population des animaux de boucherie en France? Quelle est la progression du croît de ces animaux?

Voilà les deux premières questions que devraient se poser nos éleveurs.

En comparant ensuite cette population et cette progression aux chiffres de la consommation et de sa progression, nos agriculteurs trouveraient tout de suite le but qu'ils doivent poursuivre et atteindre.

En 1886, les animaux de boucherie comprenaient :

Taureaux			333.834	
Bœufs	de travail...		1.387.062	
	à l'engrais ..		514.259	
Vaches			6.319.761	13.275.021
Bouvillons			881.949	
Génisses			1.531.176	
Veaux	6 mois..	1.228.333	2.306.970	
	Au-dessus de 6 mois	1.078.639		

Moutons...................... 22.688.230
Porcs....................... 5.774.924
Chèvres 1.420.112

Ces animaux représentaient, en viande de boucherie (tonnes de viande) :

Pour la race bovine, à 300 kilos
    par tête en moyenne....... 3.982.500 t.
Pour la race ovine, à 30 kilos
    par tête en moyenne....... 680.647 t.
Pour la race porcine, à 100 kilos
    par tête en moyenne....... 577.492 t.
Pour la race caprine, à 25 kilos
    par tête en moyenne....... 15.620 t.

       Soit au total........ 5.256.266 t.

Mais ce tableau comprend à la fois le troupeau reproducteur et les animaux à abattre. L'abatage a été de 1.350.000 tonnes environ en 1886, soit un peu moins du cinquième de l'existant.

En 1895, l'abatage a atteint le cinquième de l'existant et le déficit a dû encore être comblé par l'introduction de plus de deux cent mille tonnes de viande exotique.

Des tableaux publiés dans un ouvrage fort remarquable de M. Marchal (1), font ressortir la situation de la France au point de vue de l'élevage des animaux de boucherie en 1895.

Nous avons dit que l'importation laisse encore un vide de un million quatre cent mille à deux millions de tonnes pour atteindre la consommation normale que nécessiteraient les quarante millions d'habitants de la France.

Pouvons-nous combler ce vide en augmentant indéfiniment l'importation? C'est bien difficile.

S'il fallait se borner à l'importation d'animaux sur pied, il faudrait mobiliser toutes les flottes du monde entier sans arriver à combler l'insuffisance de viande en Europe.

On peut, en transportant des viandes congelées. réduire sensiblement le nombre des bâteaux transporteurs, mais il faudrait encore une expédition de cinq à dix grands steamers par jour pour suffire au déficit annuel d'un million quatre cent mille tonnes.

(1) *Des viandes de boucherie congelées par le froid.* par E. MARCHAL, vétérinaire en deuxième au 8e dragons. — Asselin et Houzeau, éditeurs.

Il faut donc, tout en encourageant l'importation de viandes congelées, rechercher une production plus considérable de viande de boucherie.

Comment obtenir ce résultat ?

En consacrant à l'élevage l'excédant de notre production de blé.

Si le pâturage et le labourage sont les deux mamelles de la France, nous devons constater que ce sont deux mamelles fort inégales et qui nuiraient singulièrement à la physionomie de notre patrie, si on voulait la représenter sous les traits d'une puissante paysanne.

La mamelle labourage devrait être démesurément gonflée et celle du pâturage presque tarie, ne serait plus qu'une poche flasque, au grand détriment de l'harmonie générale.

Nos agriculteurs donnent bien tous leurs soins à leurs pâturages, les fourrages verts et secs sont bien affectés à la nourriture de nos animaux de ferme ; nos éleveurs consacrent bien à l'alimentation de leurs animaux, la majeure partie de leurs récoltes, mais il est un produit que l'on réserve exclusivement à l'alimentation humaine et que l'état de nos mœurs empêche d'utiliser au mieux des intérêts de l'agriculture.

Nous voulons parler du blé.

La production dépasse sensiblement la consommation; les prix sont avilis par cette surproduction, mais nos préjugés ont fait du blé la plante sacrée qu'on croirait profaner en l'appliquant à autre chose qu'à l'alimentation de l'homme (1).

(1) Nous exposions un jour cette manière de voir à un de nos hommes politiques les plus laborieux, représentant d'une population agricole à la Chambre des Députés :

« Ce que vous dites est bien exact, nous dit-il, et quelques agriculteurs ont fait dans cette voie de timides essais. Mais ils sont obligés de procéder ainsi en cachette de leur personnel.

« S'il était avéré qu'un gros agriculteur nourrit ses bestiaux avec du blé, toute la population se soulèverait et rien ne pourrait le mettre à l'abri de la colère populaire. *Donner du pain aux animaux quand tant d'hommes en manquent serait considéré comme une profanation.*

« Voici une anecdote typique : un jour le vétérinaire de mon village, homme fort érudit et esprit pondéré, bien supérieur intellectuellement à nos agriculteurs, avisa un paysan culotte bas sur le bord d'un champ de blé : *Malheureux, s'écria-t-il, tu ne respectes pas le blé avec lequel demain on fera l'hostie.* »

Que faire pour réagir contre de telles superstitions émanant d'hommes instruits ayant pratiqué des écoles qui luttent contre tous les préjugés?

Si ce sont de tels errements que nous devons combattre, c'est au Gouvernement à en prendre l'initiative, en créant des cours de vulgarisation de ces vérités. Il faudrait que dans

Il faut réagir contre cette superstition et prouver à l'agriculture que la prière : « *Donnez-* « *nous aujourd'hui notre pain de chaque jour* » s'applique autant à la viande qu'au blé. Le « *pain quotidien* » comprend, outre le froment, tous les produits alimentaires nécessaires pour soutenir la vie humaine et surtout pour réparer les forces du travailleur. C'est à ce préjugé plusieurs fois séculaire que la France doit le manque d'équilibre dans sa production agricole.

La Russie, l'Amérique, l'Australie, la Nouvelle-Zélande donnent indifféremment à leurs animaux tous les produits du sol dont l'écoulement n'est pas assuré. L'agriculteur français seul, croirait commettre une profanation en consacrant à l'élevage de ses animaux une partie de sa récolte de blé.

Il vendra son blé à un prix variant de 16 à 19 francs les 100 kilogrammes, pour acheter de l'avoine ou du son à un prix se

chaque commune un tableau affichait les cours comparés du blé et de la viande et permit de constater ce que rendrait le blé transformé en viande de boucherie des diverses catégories.

Il est certainement regrettable que certains travailleurs manquent de pain, mais combien est plus grand le nombre de ceux qui manquent de viande ?

rapprochant fort de celui du blé. Quel est l'éleveur qui s'est posé la question de savoir quelle valeur alimentaire représentait chacun de ces produits ? Si cette question avait été posée, l'agriculteur n'aurait pas vendu son blé, il l'aurait transformé en viande.

Notez que l'agriculteur qui a vendu son blé de 16 à 19 francs les 100 kilogrammes pour payer à un prix à peu près égal le même poids de son (12 francs) ou d'avoine (19 francs), croit faire pour l'élevage un sacrifice important ; il estime l'avoine et le son supérieurs au blé.

Autrefois, lorsque le système de mouture employé était encore rudimentaire, le son et les issues de meunerie contenaient une proportion notable de gruau, qui faisait du son un aliment d'une grande valeur nutritive. Le rendement du blé en farine n'était guère que de 35 pour 100 ; avec la meunerie à cylindres métalliques, le blé donne à peu près toute sa farine, le son ne représente plus que 15 pour 100 et n'est qu'une pellicule d'une valeur alimentaire fort réduite, en raison de son peu d'assimilation.

Le son contient une quantité d'azote et de matières azotées supérieure au blé (3 pour 100 d'azote et 19 pour 100 de matière azotée) ; mais au point de vue alimentaire, il faut moins se préoccuper de la teneur chimique d'un aliment que de son assimilation par les animaux.

La farine contient un tiers de moins d'azote que le son. Mais les animaux s'assimilent la farine et éliminent une proportion notable du son qui n'est qu'un laxatif. Lorsque l'assimilation est considérable, elle amène des troubles et des maladies.

Nous recommandons, à cet égard, la lecture d'une brochure fort intéressante dont l'État aurait dû répandre des exemplaires dans toutes les communes : *Le Blé à 27 francs les 100 kilogrammes*, par Gaston Devaux.

L'auteur constate que, dans une expérience de vingt-quatre jours tentée sur une jument de sept ans alimentée seulement et progressivement avec du son, on a constaté une déperdition de poids de 25 kilogrammes, soit 1 kilogramme par jour. En vingt-quatre jours, la déperdition était de 4 pour 100 du poids total de l'animal.

M. Cornevin, professeur à l'École vétérinaire de Lyon, déclare que le son ne saurait,

à lui seul, constituer une ration convenable ;
il est relâchant et détermine la diarrhée qui
fait perdre plus que le bénéfice de son administration.

« Il se gonfle dans le tube digestif, amène
« des indigestions, quelquefois des ruptures
« de l'estomac ou des vertiges ».

Donc, bien que très riche en éléments azotés
le son est un aliment plus dangereux qu'utile ;
il ne doit être usité que comme correctif et
non comme principe nutritif, au point du vue
de la production de la viande. Il en pourrait
être autrement s'il s'agissait de produire du
lait ; mais nous n'envisageons pas ce produit,
nous bornant à rechercher le moyen de
combler notre déficit en viande de boucherie.

La digestibilité des aliments contenus dans
le son varie d'ailleurs avec les animaux : les
moutons s'en assimilent 78 pour 100, les
porcs à peine 60 pour 100 ; les animaux de la
race bovine sont affaiblis par cet aliment ; les
chevaux le digèrent mal.

Le prix du blé a baissé de 30 pour 100
depuis l'application du régime prétendu protecteur ; celui du son est resté le même.

Cela tient à un autre préjugé de nos agriculteurs qui estiment que le son constitue pour les animaux un aliment égal ou supérieur au blé, en raison de sa teneur en azote.

Pour les animaux de la race bovine et porcine, l'alimentation par le blé pourrait permettre d'augmenter sensiblement le rendement en viande, produit dont le prix augmente sans cesse.

On pourrait prélever, pour la consommation de l'homme, la farine-fleur représentant 68 pour 100 du poids du blé et laisser les gruaux et autres issues pour l'alimentation des animaux de boucherie — les 32 pour 100 du poids du blé consommé en France donneraient trente-deux millions *d'hectolitres*. Cet aliment donné sous les formes diverses qui conviennent le mieux à chaque race, cuit, cru, en pains, surtout en biscuit, fournirait 400.000 tonnes de viande. Il n'en manque que 200.000 tonnes pour équilibrer notre production et notre consommation; mais il en faudrait encore plus de un million de tonnes pour permettre une alimentation suffisamment réconfortante et réparatrice et deux millions pour atteindre les proportions recommandées par les hygiénistes. La ration par le pain, biscuit et les dérivés du blé coûterait aux éleveurs 30 pour 100 moins cher que celle consommée par les animaux de boucherie pour une production de viande sensiblement inférieure comme quantité et qualité.

L'Auvergne seule et quelques rares éleveurs disséminés un peu partout sont entrés résolument dans la voie que nous préconisons après M. Devaux. En Auvergne, on fabrique un pain grossier composé de seigle et de blé que l'on donne aux animaux de la race bovine à raison de 3 à 5 kilogrammes par jour.

En avril, mai et juin 1895, le journal le *Figaro* a consacré une série d'articles à un aliment nouveau : le *pain animal*, préconisant l'emploi de biscuit pour alimenter les animaux. Ces articles ont été lus avec fruit par le Ministère de la Guerre et par les Compagnies de Tramways et des Petites-Voitures, qui sont entrées tout de suite dans la voie du progrès en transformant radicalement la ration de leurs chevaux. Mais quel est le nombre d'agriculteurs que ces articles ont convertis ? Il est nul ou insignifiant. Ce que font depuis longtemps les puissantes compagnies des grandes villes devrait être la règle générale de nos paysans ; mais ces mesures sont passées inaperçues.

Le pain animal convient admirablement au bœuf ; il n'est encore usité que pour le cheval et dans certains centres. Quant au porc, il se trouve fort bien de l'alimentation au blé sous toutes ses formes : en farine délayée, en pain, cuit, cru, broyé, mêlé aux eaux grasses et à tous les résidus. C'est dans cette alimentation que le blé donne les résultats les plus remarquables.

Le blé contient 30 pour 100 de plus de matières azotées que les autres céréales : c'est le grain nourricier par excellence. Estimons-nous heureux d'en produire plus que notre population ne peut en consommer et utilisons-le au mieux des intérêts de notre alimentation. Le monde entier produit neuf cents millions d'hectolitres de blé ; l'Europe en produit cinq cents millions, la France récolte à elle seule plus du quart de la production totale de l'Europe. Cette production augmentera encore, mais à quoi bon, si nous devons réserver cette denrée à la fabrication du pain dont la consommation est forcément stationnaire.

Si l'agriculteur veut trouver un écoulement rémunérateur de ses récoltes, il doit se résoudre à les présenter sur le marché sous une nouvelle forme. Les droits dits protecteurs ne peuvent le sauver de la ruine ; ils sont impuissants à produire un relèvement des cours qui permette de lutter contre les produits exotiques. D'ailleurs, créer une hausse factice au détriment des consommateurs, qui sont le nombre, ce peut être un palliatif, ce ne saurait être un remède.

Le moyen de tirer un meilleur parti de nos récoltes c'est de les transformer en viande au grand avantage de tout le monde.

Il résulte des calculs les plus précis que le blé transformé en viande produirait non pas une valeur de 27 francs les 100 kilogrammes, comme l'expose M. Devaux, mais un minimum de 35 francs.

Selon la race alimentée, ce rendement serait plus ou moins élevé, mais il ne serait jamais inférieur à 35 francs les 100 kilogrammes.

Prenons la race bovine, par exemple ; lorsqu'un bœuf a reçu son alimentation journalière d'entretien qui est, en général, de

2 pour 100 de son poids, nous constatons qu'il y a accroissement de 1 kilogramme par 10 kilogrammes de foin donné en supplément.

On peut donc poser ce principe que 10 kilogrammes de foin ou *leur équivalent* donnés en sus de la nourriture ordinaire équivalent à une production de 1 kilogramme de viande. Un bœuf recevant ce supplément journalier pendant un mois, devra avoir acquis un accroissement de poids de 30 kilogrammes, en sus de celui qu'il aurait obtenu

Or 1 kilogramme de pain correspond à 2 kilog. 500 de foin ; donc 4 kilogrammes de pain correspondent à 1 kilogramme de viande d'une valeur de 1 fr. 50 ou 0 fr. 375 le kilogramme de pain ; mais le kilogramme de pain est produit lui-même par 0 kilog. 750 de farine. — Il nous reste donc un écart de 25 pour 100 pour faire face aux frais de meunerie et panification, ce qui est exagéré.

En d'autres termes et plus exactement, 100 kilogrammes de blé nous donnent 133 kilogrammes de pain comprenant son, gruau et farine. Nous aurons un rendement en viande de 133 : 4 = 33 kilog. 250 × 1 50, prix de la viande = 49 fr. 87. — Si nous évaluons à 5 fr. 87 pour 100 kilogrammes de blé les frais de mouture et panification, nous aurons un rendement de 44 francs par 100 kilogrammes de blé ou 0 fr. 44 le kilogramme.

Une des conséquences de ce régime serait encore d'augmenter considérablement la production des fumiers de ferme et, par suite de cette abondance d'engrais, d'améliorer le rendement de nos champs.

On compte qu'une agriculture féconde exige une tête de gros bétail par hectare de terre cultivée ; il faudrait doubler les animaux de nos fermes pour obtenir ce résultat.

Il faudrait encore réduire de moitié la durée de l'engraissement, ce qui peut être facilement obtenu par la transformation de l'alimentation animale.

L'éleveur ne doit pas se borner à augmenter, par la distribution de pain, l'alimentation de ses animaux, il doit remplacer par le pain ou le biscuit une partie de la ration ordinaire d'entretien. Cette modification lui donnera une économie de 35 pour 100 sur le prix journalier de son alimentation et un développement plus rapide du sujet.

De telle sorte que, *même à prix égal*, le même éleveur pourra entretenir un troupeau d'un tiers plus nombreux ; s'il ajoute ensuite 2 kilog. 500 de pain par tête et par jour, il obtiendra une augmentation d'accroissement de 30 kilogrammes de viande par tête et par mois. Si, d'autre part, il réduit de moitié la durée de l'engraissement, il diminue de 70 pour 100 le prix de revient de sa viande de boucherie.

Le pain dont nous recommandons l'usage doit utiliser toutes les parties du blé, son compris ; sa préparation ne nécessite aucun travail d'épuration et de blutage. Il suffit de broyer le blé, de le pétrir et de le cuire en ayant soin de préparer des pains plats (galettes) et de les faire cuire assez longuement pour évaporer le plus d'eau possible et produire un pain se conservant sans altération. Le biscuit serait encore meilleur que le pain. L'alimentation par la farine ou le pain a été préconisée tour à tour par une foule de savants. M. Bouley a fait des essais absolument concluants sur les chevaux des tramways et a obtenu une augmentation de poids de 225 kilogrammes en un mois, sur seize chevaux. M. Grollet a obtenu des résultats identiques sur les chevaux de la maison Dufayel. M. Archdeacon, président de la Société d'agriculture de l'arrondissement de Tonnerre a fait les mêmes essais avec un égal succès sur des moutons et des vaches. MM. Grandeau, Directeur de la Station agronomique de l'Est : Lezé, professeur à l'École de Grignon, recommandent cette alimentation.

M. Grandeau, notamment, a donné dans le journal *le Temps* du 11 décembre 1895, un article fort remarquable que nous regrettons de ne pouvoir reproduire ici, mais préconisant l'emploi des aliments concentrés pour l'entretien et l'engraissement du bétail. Voici un des exemples qu'il donne :

L'avoine de bonne qualité (noire de Brie) vaut, en ce moment, 16 fr. 50 les 100 kilogrammes hors Paris, soit 18 francs octroi compris. La composition de cette avoine est la suivante : eau 14.6 ; — matières amylacées 57.9 ; matières grasses 4.4 ; *matière azotée* 9.9 ;

— cellulose 9.7 ; matières minérales 3.5 ; — total 100.

On estime à 0 fr. 10 la valeur du kilogramme amidon : le kilogramme de matière grasse vaudra, d'après cela, 0 fr. 25 ; et la valeur de la matière azotée s'établit comme suit :

Prix des 100 kilogrammes d'avoine 18 fr. »
57.9 amidon à 0 fr. 10..   5 fr. 79)
  4.4 graisse à 0 fr. 25..   1   10)   6   89
Prix des 9 kilog. 9 de matière
    azotée....................... 11 fr. 11
soit par kilogramme 11 fr. 11 : 9 kilog. 9 =
    1 fr. 122.

Si nous prenons le biscuit *Gladiateur* fabriqué par la *Société française d'alimentation animale,* nous trouvons le rendement suivant :

Eau : 14 ; — matières azotées : **17** ; — matières amylacées : 53 ; — matières grasses : 25. — Cet aliment se vend 18 francs les 100 kilogrammes dans Paris, soit les mêmes prix que l'avoine ou que le blé. Le kilogramme de matière azotée *entièrement* *assimilable* descend de 1 fr. 122 à 0 fr. 698, savoir :

Prix des 100 kilogrammes de biscuit........................... 18 fr. »
55 kilogrammes matière
amylacée à 0 fr. 10   5 fr. 50)
2 kilog. 5 matières   )   6 fr. 127
grasses à 0 fr. 25...   0   637)
____
Coût des 17 kilogrammes de
matières azotées.............. 11 fr. 873
11 fr. 873 : 17 kilogrammes = 0 fr. 698.

Pourquoi cette vérité reconnue par les divers Ministères et par l'administration de la Guerre n'est-elle pas propagée dans nos campagnes? Pourquoi laisser nos agriculteurs croupir dans leur routine?

Pour que le remède que nous venons d'indi-quer fût efficace pour nos agriculteurs, il faudrait le doubler d'une mesure administra-tive qui s'imposera tôt ou tard.

Il faudrait supprimer les accapareurs de grains, les trafiquants de la Bourse du commerce, gens plus ou moins tarés qui ne produisent ni ne consomment de blé et qui se bornent à spéculer sur des différences. Tant que cette engeance existera, tous les cours seront fictifs, la loi essentielle de l'offre et de la demande sera faussée. L'un vend ce qu'il n'a pas ; l'autre achète ce dont il n'a nul besoin et dont il lui serait impossible de prendre livraison, n'ayant ni magasins pour loger de tels produits, ni relations avec ceux qui peuvent les employer. Et ce sont ces agioteurs qui dominent le marché, faisant la hausse ou la baisse au gré de leurs intérêts.

Le producteur désarmé est livré à ces trafiquants et il est obligé de recourir à des intermédiaires coûteux qui l'exploitent et le grugent.

Le Reichstag a définitivement adopté, pour l'Allemagne, un projet de résolution présenté par M. de Kanitz, tendant à traiter avec les États où se font des opérations à terme sur les grains, afin d'interdire ce trafic.

Même, déjà, le Gouvernement allemand a fait connaître au Gouvernement français ses intentions et son désir, et celui-ci examine actuellement la question avec tout le soin qu'elle comporte.

Voici une des formes des opérations sur les blés :

Les minotiers ne peuvent point, quand la saison est mauvaise en France, acheter les quantités de blés considérables qui sont nécessaires à la consommation de leur clientèle, sans se couvrir d'autre part, en assurant l'écoulement de ces masses de blés transformés en farine.

Pour cela, avant que d'acheter, ils vendent à terme et fixent par avance le prix de la vente. C'est sur ces prix que la spéculation se produit aussitôt et c'est ainsi que l'on joue sur les céréales à la Bourse du Commerce, comme l'on joue à la Bourse sur les valeurs. Les cours ne sont donc pas stables, les intermédiaires les font varier au gré de leurs intérêts et ce sont les petits propriétaires qui paient véritablement les différences énormes dont s'enrichissent les spéculateurs.

L'avis qui domine au Syndicat général des Agriculteurs de France, c'est que l'on a tort de ne pas appliquer la loi dont un article punit les accapareurs et qui serait suffisante pour réprimer ces écarts.

Un projet de loi dans ce sens est déposé

au Parlement, mais il est soumis aux lenteurs ordinaires de notre constitution ; d'ailleurs, la loi votée ne vaudra que selon la volonté de ceux qui l'appliqueront. Ce n'est pas le texte de loi qui manque au Gouvernement, c'est la volonté de la faire exécuter.

Puisque le blé est reconnu comme denrée nationale de première nécessité, le devoir de l'Etat est d'en réglementer le trafic. La vente ne devrait en être permise qu'au producteur seul, l'achat ne devrait en être autorisé qu'aux seuls consommateurs : les meuniers, les boulangers, les agriculteurs pour leur semailles.

Avec une bonne loi dans ce sens, le Gouvernement aurait plus fait pour l'agriculture nationale que par toutes les mesures de prohibition ou de prétendue protection.

Faisons un bon emploi de nos ressources agricoles : utilisons nos produits dans le sens d'un rendement plus élevé : recherchons et trouvons de nouvelles couches de consommateurs et nous aurons donné à nos agriculteurs l'appui le plus efficace.

La nouvelle couche de consommateurs pour notre blé, c'est le bétail. Sachons utiliser notre production dans ce sens et nous pourrons abattre nos frontières fiscales; l'aisance succèdera à la misère, la vie sera plus facile pour tous. Sous un régime de libre-échange le seul qui convienne à notre caractère et à notre génie, nous verrons renaître notre industrie et augmenter le chiffre de nos exportations, ce qui est le signe le plus infaillible de la prospérité d'une nation.

CHAPITRE IV

Nous avons exposé, dans le chapitre précédent, que la France possède environ
quatorze millions de têtes de bétail de la
race bovine, celle qui forme la base de
l'alimentation en viande. Pour une population
de quarante millions d'habitants, cela donne
un existant d'un animal par trois habitants
environ.

A Madagascar, la « France Orientale ». on
compte de six à huit millions d'animaux de
la race bovine pour une population humaine
à peu près égale. Il y a donc à Madagascar
proportionnellement trois fois plus de bœufs
qu'en France.

Mais, ici, la règle mathématique n'est pas

absolument exacte. Pour bien connaître les disponibilités en viande de boucherie de Madagascar nous ne devons pas nous borner à la simple constatation des populations humaine et bovine : nous devons encore tenir compte du chiffre de la reproduction annuelle et de la consommation locale. Lorsque nous aurons établi ces trois facteurs : existant, reproduction, consommation, nous pourrons comparer les deux pays, les « deux Frances », et établir ce que la « France orientale » pourrait apporter de ressources alimentaires à la « France européenne ».

Si nos hommes politiques, qui régissent notre ordre économique, veulent bien considérer ces deux pays comme appelés à se compléter et s'ils abolissent toute barrière fiscale s'opposant à l'échange des produits, nous pourrons donner à nos travailleurs une alimentation saine, réparatrice et réconfortante, sans augmenter sensiblement les frais de la vie journalière.

La population bovine de Madagascar comprend une très grande quantité de vaches, la loi hova interdisant l'exportation et l'abatage des femelles. Sur les six à huit millions

de têtes qui composent le troupeau, on doit
compter deux tiers de vaches, soit quatre à
cinq millions ; il y a ensuite un million et
demi de jeunes sujets et autant de bœufs de
trois à six ans, au minimum.

Le troupeau reproducteur comprend de
quatre à cinq millions de vaches, les naissances
annuelles sont au minimum de trois millions
de têtes avec une progression constante de
30 pour 100, abstraction faite de la consommation et de l'exportation ; c'est-à-dire que
si la reproduction donne trois millions de
naissances en 1896, elle en fournira quatre
millions en 1897, cinq millions deux cent mille
en 1898, six millions sept cent mille en 1899
et ainsi de suite en augmentant de 30 pour 100
chaque année la production de l'année précédente.

On voit ce que donne de ressources une
telle progression constante.

Le troisième élément que nous avons à
examiner est la consommation.

La consommation de viande de Madagascar
calculée tant d'après le nombre de peaux
exportées qu'en tenant compte des animaux
débités dans leur dépouille et des cuirs

employés à divers usages doit être de 100.000 tonnes par an environ.

C'est ce que donnent six cent soixante-cinq mille bœufs à 150 kilogrammes de viande par tête. Cette consommation ne correspond qu'à 15 kilogrammes de viande par habitant.

Nous constatons ainsi, que Madagascar compte proportionnellement à sa population trois fois plus de bœufs que la France, que chaque habitant en consomme trois fois moins que nos nationaux, et que la reproduction est plus élevée de 18 pour 100.

De là une surabondance de viande dans la « France orientale », qui correspond à peu près au déficit que nous avons dû constater dans la « France européenne ».

De là aussi une différence sensible dans le prix de la viande.

Alors qu'en France la viande abattue vaut de 1 fr. 50 à 1 fr. 80 le kilogramme, avec tendance constante à l'augmentation, à Madagascar la même viande vaut à peine 0 fr. 40 le kilogramme, avec tendance à diminution de prix.

C'est l'éternelle loi de l'offre et de la demande qui fait sentir ses effets, les mêmes à Madagascar qu'à Paris.

Il semble que le remède à appliquer est tout trouvé : il suffirait de prendre à Madagascar son trop-plein et de le diriger sur nos ports de mer. Mais ce remède est d'une application difficile.

La viande ne peut s'exporter que sous trois formes : animaux vivants, viande congelée, conserves en boîtes ou en barils.

Le transport d'animaux vivants, alors qu'il doit s'appliquer à une traversée de vingt-cinq jours à travers les zones les plus variées, présente de sérieuses difficultés. Il faut emporter les vivres pour assurer l'alimentation de tout ce troupeau pendant le voyage. Il faut acheter et embarquer cet approvisionnement. Les bœufs malgaches pèsent 350 kilogrammes en moyenne. Il faut leur assurer une alimentation de 10 kilogrammes de fourrages par jour, avec une certaine quantité de grains (2 kilogrammes par tête et par jour).

Il faut un fort approvisionnement d'eau. Le steamer effectuant le transport doit encore emporter son charbon, de manière à éviter les relâches.

Dans ces conditions, un paquebot de 4.000 tonnes (2.800 tonneaux de jauge) ne peut guère transporter que quatre cents bœufs, avec un fret de 80.000 francs, soit 200 francs par bœuf transporté. Joignez à cela le coût de la nourriture, de l'assurance du passage du canal de Suez, les droits sanitaires, le prix d'achat de l'animal vivant, et vous constaterez un prix de revient de plus de 300 francs par bœuf vivant.

Si ce bœuf donne 175 kilogrammes de viande, celle-ci reviendra à 1 fr. 65 le kilogramme environ, alors que la viande indigène ne se vend que de 1 fr. 50 à 1 fr. 65 le kilogramme.

Donc ce mode de transport doit être abandonné.

La viande congelée est d'un transport plus facile et moins coûteux ; c'est la forme sous laquelle la viande peut le plus aisément être transportée à de telles distances. Ici, le prix de revient est sensiblement réduit.

Un bœuf de 350 kilogrammes ayant coûté au maximum 35 francs, a donné 175 kilogrammes de viande, dont le prix de revient doit être évalué à 17 fr. 50, le surplus du prix étant attribué aux abats et sous-produits : peau, sang, langue, bosse, suif, os, cornes, abats rouges, etc.

Nous avons donc une dépense de 17 fr. 50 pour le prix d'achat.

L'abatage, la congélation et les frais d'embarquement représentent environ 10 francs ; les frais de transport, à 200 francs par tonne maintenue en état de congélation, sont de 35 francs par bœuf ; les frais de débarquement, de logement et transport au point de consommation seront de 10 francs en moyenne. soit un total de 72 fr. 50 par bœuf en dehors des droits de douane et d'octroi, très variables et que nous tenons à ne pas chiffrer pour le moment (1).

Le prix sera donc de 72 fr. 50 pour 175 kilogrammes de viande, soit environ 0 fr. 42 le kilogramme.

A ce prix, on pourrait transformer bientôt notre alimentation et prétendre donner à chacun de nos nationaux la nourriture que

(1) Les droits actuels de douane, visite et octroi sont de 0 fr. 45 par kilogramme. Il faut espérer qu'ils seront abolis sur les viandes congelées provenant de Madagascar, comme ils l'ont été sur les conserves.

recommande une hygiène bien entendue.

Malheureusement, il y a encore ici une sérieuse difficulté.

Si nous voulions transporter par ce procédé la viande de deux millions de bœufs, nous aurions un rendement de 350.000 tonnes de viande pouvant combler le déficit actuel de notre production nationale ; mais il faudrait employer à cet usage trois cent cinquante navires spécialement aménagés, avec une cale de congélation contenant 1.000 tonnes, soit un navire par jour.

Comme ces navires ne trouveraient pas de fret sur Madagascar à leur départ d'Europe, nous devons nous borner à réduire de 90 pour 100 le mouvement de cette navigation dans notre étude, et encore faudra-t-il trouver dans les produits indispensables pour l'usine un tiers au moins du fret de sortie ; d'autre part, ces navires ne trouveront leur complément de fret pour la France qu'à la condition que les industriels traitant la viande congelée soient en mesure de le leur procurer, ce qui ne pourrait être obtenu que dans des conditions que nous déterminerons ci-après.

Dans l'état actuel de l'industrie malgache et du mouvement commercial entre l'Europe et Madagascar, on ne peut pas compter sur un mouvement de steamers supérieur à six ou sept paquebots par mois, pouvant transporter chacun 700 à 800 tonnes de viande congelée, soit 5.000 tonnes par mois ou un peu moins du tiers de l'insuffisance de la viande de boucherie en France.

Reste la troisième forme du transport de la viande de Madagascar : conserves en boîtes et en barils ou salaisons.

Les conserves en boîtes peuvent absorber une grande quantité de la viande de chaque bœuf abattu pour l'exportation. On pourrait ne congeler que les morceaux de choix : trains de côtes et aloyaux, et consacrer tout le reste du bœuf à la conserve en boîtes ou en salaison.

Les morceaux de choix représentent environ 50 kilogrammes par bœuf (30 pour 100 de la viande des quatre quartiers). Les 60.000 tonnes exportées annuellement représenteraient donc la viande de choix d'un troupeau d'un million deux cent mille têtes.

Nous allons examiner ce que nous donnerait

un pareil troupeau en conserves et salaisons.

Ce sont ces conserves et salaisons auxquelles viendraient s'ajouter quelques autres sous-produits du bœuf que nous citerons à leur tour, qui devraient fournir les aliments de fret nécessaires pour compléter les chargements des navires de la Compagnie havraise ou de tout autre société.

Après prélèvement des morceaux de choix, il resterait environ 125 kilogrammes de viande par bœuf. — De cette viande il faudrait prélever 35 kilogrammes d'os ou de perte par ressuage, — il resterait 90 kilogrammes de viande désossée, représentant 50 kilogrammes de viande cuite mise en boîtes. Nous voyons que la quantité de viande en conserves serait à peu près la même que celle des morceaux de choix congelés. La France pourrait-elle consommer une telle quantité de conserves? C'est douteux. Mais nous indiquerons quel parti pourraient en tirer les administrations publiques en un chapitre spécial.

Pour le moment. la consommation ne dépasse pas 6.000 tonnes, dont 5,000 sont destinées à l'alimentation militaire, 100 au

Ministère des Colonies, 100 autres à la marine de l'Etat et le surplus à la marine du Commerce et aux particuliers. La population française tout entière ne consomme pas 300 tonnes de conserves de bœuf. Il est regrettable que ce produit n'entre pas davantage dans l'alimentation courante. Cette viande, désossée et cuite, constitue un aliment sain et à bas prix, puisqu'on vend à raison de 1 fr. 30 le kilogramme une conserve représentant 2 kilog. 500 de viande crue avec sa partie d'os. C'est payer la viande sur le pied de 0 fr. 50 le kilogramme ou 0 fr. 25 la livre.

C'est, en outre, un aliment tout préparé qui peut se manger froid, en salade, ou simplement chauffé.

Mais nos mœurs et nos préjugés s'opposent à son usage, tout comme nos ménagères s'acharnent à préparer le traditionnel pot-au-feu, donnant un bouillon qui coûte trois fois plus cher que celui qu'elles obtiendraient avec de l'extrait de viande.

A ce point de vue, la France est la nation d'Europe la plus routinière. Depuis longtemps l'Angleterre, la Belgique et la Suisse ont renoncé au classique bouillon de bœuf pour le remplacer par les extraits de viande qui entrent dans la composition d'une foule de mets. A Londres, à Liverpool, à Anvers, les extraits et les viandes exotiques arrivent sous toutes les formes et trouvent un marché très suivi et très prospère. Des sociétés à gros capitaux, de dix, quinze et jusqu'à cinquante millions, se chargent de pourvoir à ce qui manque au marché européen, par une importation constante de viande sur pied, congelée et conservée et d'extraits ou bouillons de toutes provenances.

Ces sociétés approvisionnent la plupart des états européens et font un commerce annuel de plusieurs milliards de francs.

Mais on ne réagit pas contre les mœurs d'un peuple ; nous sommes routiniers et nous le resterons longtemps encore.

Aussi n'est-ce pas aux consommateurs isolés que nous devons nous adresser : nous demandons à l'Etat, gros consommateur de toutes choses, d'étudier de plus près le problème que pose notre déficit croissant en viande de boucherie et de donner l'exemple en acceptant pour ses rationnaires le mode d'alimentation le plus sain et le moins coûteux.

En utilisant les viandes congelées et conservées pour tous ses rationnaires, l'Etat pourrait économiser annuellement plusieurs centaines de millions et son exemple aurait vite fait de transformer nos mœurs alimentaires et de créer de nouveaux consommateurs pour chaque produit.

Quoi qu'il en soit et en attendant que l'Etat se soit rangé à cet avis, ce qui pourra être fort long, nous ne pouvons et ne devons compter que sur la consommation existante, soit 6.000 tonnes de conserves par an. Avec le poids de l'emballage en fer et en bois, ces 6.000 tonnes en représentent 10.000 de fret. Celui-ci ne serait pas attribué aux paquebots postaux qui, obligés de ne consacrer qu'un temps très court à leurs opérations d'escales, auraient assez à faire pour embarquer 350 tonnes de viande congelée dans chacun des ports de Madagascar.

A deux navires par mois, ce fret représenterait environ 500 tonnes par steamer et nous fournirions ainsi 1.500 tonnes à chacun des bateaux de la Compagnie havraise,

1.000 tonnes de viande congelée et 500 tonnes de conserves, provenant du dixième des bœufs abattus.

Il nous resterait les neuf dixièmes de notre viande abattue, après prélèvement des morceaux de choix. Il faudrait traiter cette viande comme le font les grands industriels de la Plata et de Chicago, la transformant en corned-beef, viande fumée, *extraits de viande,* à écouler dans le voisinage et sur les marchés anglais ou belges. On pourrait constituer un approvisionnement de réserve de ces viandes et conserves, ainsi que nous l'indiquons plus loin.

Les extraits de viande obtenus à raison de 1 kilogramme par 20 kilogrammes de viande utiliseraient tout ce qui ne serait pas mis en conserves ou salaisons.

Nous obtiendrions ainsi 20.000 tonnes de nouveaux produits à exporter de Madagascar.

Le surplus du fret serait obtenu par les salaisons et quelques autres sous-produits du bœuf que nous examinerons plus loin.

Par salaisons, nous n'entendons pas parler du bœuf mis en barils, dont l'écoulement en Europe serait fort difficile. Nous entendons parler de la charcuterie et des diverses salaisons de porc dont la consommation en France est déjà considérable et de quelques préparations de bœuf salé et fumé ou desséché.

Madagascar n'élève pas de porcs au point de vue de l'exportation et on n'en rencontre pas des troupeaux nombreux comme cela a lieu pour les bœufs. Néanmoins, le porc y abonde et son prix est fort minime, quoi qu'il soit proportionnellement plus élevé que celui du bœuf. Mais nous ne pensons pas que l'industrie de la charcuterie et des salaisons de porc sur une vaste échelle puisse s'établir en ne comptant que sur les ressources locales en animaux vivants. Cette industrie ne peut se développer que parallèlement à celle de la viande de bœuf en utilisant, pour alimenter une vaste porcherie, les déchets de toute sorte que donne forcément un abatage journalier de plusieurs centaines de bœufs.

Tout le monde sait avec quelle rapidité se constitue un troupeau de porcs. Avec quelques centaines de femelles judicieusement choisies et installées dans une porcherie bien aménagée, on obtient un croît annuel de plusieurs milliers de têtes, et, avant la fin de la première année, on pourrait constituer un troupeau permettant un abatage quotidien d'une centaine de porcs d'un poids moyen de 100 kilogrammes.

En un an, dont un ou deux mois d'engraissement, le porc atteint son plein développement. Avec trois mille truies on peut obtenir un rendement annuel de quarante mille sujets.

L'usine possédant un outillage complet pour travailler les produits du bœuf en viandes congelées et en conserves devrait avoir de vastes locaux, en sous-sols ou caves, permettant de traiter et d'entreposer tous les genres de salaisons et toutes les charcuteries. La possibilité de diriger à son gré la température de chaque pièce permettra de produire des salaisons soignées et de premier choix. Un mélange de viandes de bœuf et de porc donnera tous les produits de la charcuterie, notamment les pâtés et les divers genres de saucissons. Les aménagements des navires transporteurs permettront de rendre ces produits en Europe en parfait état de fraîcheur et de conservation.

Une usine bien outillée peut produire

300 tonnes par mois de pâtés, saucissons, jambons, saindoux, lards et autres salaisons.

Ceci donne encore un fret de 150 tonnes par navire ne faisant pas le service postal.

Nous trouvons encore dans l'expédition du suif et des graisses, à raison de 40 kilogrammes par bœuf, en moyenne, un nouvel aliment de fret. — Les 60.000 tonnes de viande congelée représenteraient le poids de trois cent cinquante mille bœufs à 175 kilogrammes par bœuf, entièrement congelé. — Si cette viande était fournie par les seuls morceaux de choix, il faudrait abattre un million deux cent mille bœufs pour l'obtenir. Les 6.000 tonnes de conserves, à 50 kilogrammes par bœuf, absorberaient la viande de cent vingt mille de ces bœufs. Le surplus de l'abatage pourrait être consacré à la production des extraits, des viandes fumées, saucissons, etc. Le suif de ces bœufs représenterait 50.000 tonnes par an. On pourrait enfin complétement congeler la viande des bœufs dont on ne voudrait pas utiliser partie en conserves.

Les peaux salées représenteraient 40.000 tonnes à 30 kilogrammes par peau.

On peut décomposer comme suit le mouvement normal des paquebots transporteurs de viande congelée :

1° Les deux paquebots réguliers des Messageries maritimes effectuant le service des courriers et qui pourraient prendre 1.000 tonnes chacun de viande congelée à la condition de prendre ce chargement sur trois points au moins de leurs escales à raison de 300 à 350 tonnes par escale ;

2° Deux steamers de la Compagnie havraise et péninsulaire de navigation à vapeur, à la condition de prendre un chargement de 1.000 tonnes de viande congelée par bateau sur un seul point indiqué à l'avance pour chaque paquebot. le surplus en sous-produits du bœuf et salaisons :

3° Un paquebot de la ligne portugaise de Mozambique, dont on obtiendrait l'escale : à Nossi-Bé pour prendre charge, et à Marseille pour décharger.

Il faudrait donc que les chargements fussent préparés à la fois sur plusieurs points : Diego-Suarez, Nossi-Bé et Majunga, escales des Messageries maritimes : Nouratsange, Majamba, Diego-Suarez pour les paquebots de la Compagnie havraise ; Nossi-Bé pour les paquebots portugais.

Il y aurait, en résumé, à expédier sur l'Europe annuellement pour le public et en dehors d'une combinaison d'approvisionnement militaire que nous exposerons en un chapitre spécial :

1° 60.000 tonnes de viande congelée.

2° 10.000 tonnes de conserves en fer blanc.

3° 3.600 tonnes de charcuterie ou lard.

4° 20.000 tonnes de viandes fumées ou extraits de viande.

5° 50.000 tonnes de suif ou savon.

6° 40.000 tonnes de peaux salées.

7° 15.000 tonnes de gélatine ou colle forte des os.

Soit au minimum 200.000 tonnes par an. Les paquebots français et portugais pourraient prendre au maximum 50.000 tonnes par an ; il resterait encore 150.000 tonnes à charger sur les bateaux transporteurs du commerce, représentant le plein chargement de quarante grands steamers portant 4000 tonnes chacun.

Ainsi que nous le voyons par le détail ci-dessus, l'industrie de la viande congelée appliquée aux seuls morceaux de choix et doublée des opérations annexes qu'une telle industrie comporte, donne un aliment de fret complet pour des navires portant de 4 à 5.000 tonnes. Le plein chargement de chacun de ces navires pourrait donc être assuré alternativement par chacune des usines; tout au plus le steamer aurait-il à prendre charge sur deux points qui lui seraient désignés un mois à l'avance, à sa venue de France à Madagascar.

Il faudrait donc pouvoir expédier de France un de ces grands steamers tous les dix jours et lui procurer un fret de sortie, le fret de retour étant assuré.

Nous n'avons pas à nous préoccuper des navires des lignes subventionnées qui effectuent ce voyage et trouvent un fret suffisant pour leurs nombreuses escales. Ces navires limiteraient forcément le chargement de retour qu'on leur offrirait à 350 tonnes par escale, leur séjour d'une douzaine d'heures sur chaque point ne leur permettant pas d'en prendre davantage.

Actuellement, la Compagnie havraise et péninsulaire, la seule Compagnie française qui dessert Madagascar, effectue un départ par mois. Pour tripler le nombre des départs de ses steamers, il faudrait qu'on lui assurât un nouveau fret de sortie de 8.000 tonnes par mois.

Les industries dont nous parlons ci-dessus auraient à recevoir leur fer blanc et leurs emballages en bois pour les boîtes, le suif et les salaisons. Il leur faudrait encore recevoir de France leurs matières premières : sel, potasse, extraits tanniques, gazoline, etc.; il faudrait enfin pourvoir au transport et au remplacement de leur outillage, des matériaux de construction, etc. Nous pensons que les cinq à six usines qui devraient être créées pour traiter les viandes de Madagascar donneraient largement le fret d'un nouveau steamer par mois. Nous croyons aussi que le fret du troisième navire à expédier mensuellement pourrait et devrait être fourni par le développement graduel du pays qui aura à établir des chemins de fer, casernes, bâtiments nombreux pour industries diverses, etc.

Nous estimons donc que les frets de sortie de France et de retour de Madagascar pourraient à peu près s'équilibrer sur les bases que nous avons données, écoulant de Madagascar annuellement le produit d'un million deux cent mille bœufs et de cinquante mille porcs sous diverses formes. Nous estimons que cette grande masse de viande, vendue à bas prix, améliorerait l'alimentation française, mais serait encore bien insuffisante pour combler le déficit croissant de notre production nationale.

Cela représenterait à peine le tiers de notre insuffisance actuelle et le trentième de la surproduction que nous devrions obtenir pour donner une consommation normale et suffisamment réparatrice.

Madagascar est un pays privilégié produisant en abondance, non-seulement tout ce qui lui est nécessaire, mais encore tout ce qu'il faut pour les pays voisins. Notre éloignement ne saurait être un obstacle insurmontable à l'expédition sur nos marchés de la majeure partie de ses produits. Il suffit de les livrer à nos industriels qui les transformeront, mais il est indispensable que ces produits soient assimilés à ceux de la mère-patrie et ne soient pas entravés par les tarifs douaniers.

Madagascar déverse sur les pays voisins tout ce qui est nécessaire pour compléter leur alimentation ; viande, riz, volailles, porcs, tout cela est fourni à bas prix et expédié sur la Réunion, Maurice, Zanzibar, Mayotte, la colonie portugaise de Mozambique, et la côte orientale d'Afrique, depuis Zanzibar jusqu'au Cap : puis ce sont les Seychelles, les Comores, toutes les îles des archipels voisins qui puisent à Madagascar leur approvisionnement à un prix des plus minimes.

Mettant à profit cette situation des plus avantageuses, ces pays peuvent consacrer leur territoire et leurs forces agricoles à la culture de produits de grand rapport tels que le café, le sucre, la vanille, le cacao, les épices, les essences précieuses, etc.

Supprimez Madagascar, vous ruinerez du même coup les colonies voisines. Si la Réunion et Maurice, pour ne citer que celles-là, devaient demander directement à leur sol la nourriture de leur population, l'exportation serait aussitôt tarie ; la superficie de ces deux îles suffirait à peine pour produire à la fois le riz, les plantes vivrières et les pâturages nécessaires à l'entretien des troupeaux que nécessiterait l'alimentation courante de leur population.

Heureusement pour les créoles de ces

deux sœurs jumelles, Madagascar fournit à bas prix tout ce qui constitue la base de leur nourriture ; cela leur permet de consacrer aux cultures de grand rapport, un sol qui bénéficie d'un climat des plus heureux.

Mais Madagascar est loin de donner encore tout ce qu'on peut demander à ce pays. Le dixième à peine de son territoire est occupé par une population apathique et insouciante.

La production de cette vaste contrée doit être centuplée.

Tout est prêt pour ce résultat. Il ne manque que des bras et des capitaux.

Que nos industriels et nos capitalistes jettent leur dévolu sur ce pays merveilleux ; que nos hommes politiques brisent les entraves qui ont été mises aux relations extérieures de la France ; que nos administrateurs consentent à encourager les efforts qui seront tentés et nous récolterons bientôt ce que nous aurons semé en réalisant un bien-être auquel ne pourra être comparé celui d'aucune nation européenne.

Nous ne saurions clore ce chapitre sans nous expliquer sur la contradiction apparente de la double thèse que nous avons soutenue.

Dans le chapitre précédent, nous avons invité les agriculteurs français à transformer en viande le trop plein de leur production de blé, afin de combler le déficit progressif de cet aliment. Ici, nous tâchons d'établir que Madagascar pourrait combler ce déficit et nous invitons nos industriels à s'engager fermement dans cette voie.

C'est que nous ne nous faisons pas d'illusion sur la rapidité de la marche du progrès. En supposant que, mieux inspirés, nos agriculteurs finissent par transformer en viande le trop plein de leurs céréales, cette mesure ne sera prise que progressivement et le moment est encore éloigné où la France doublera sa production de viande.

D'autres voix plus autorisées que la nôtre, se sont déjà fait entendre et n'ont obtenu que des résultats très lents dans leur entourage direct, que pourront nos modestes conseils quand on n'a pas écouté les recommandations des savants les plus distingués?

Puis, il faut compter qu'à mesure que cette augmentation se produira, la consommation de viande ira aussi croissant, de telle sorte qu'il n'est pas sûr que la transformation agricole que nous avons préconisée puisse suivre la progression constante de la consommation de la viande.

En outre, nous ne disposons encore que d'un excédant de moins d'un million de tonnes de blé ne représentant même pas les 200.000 tonnes de viande immédiatement nécessaires à notre consommation.

Combien d'années s'écouleront encore avant que tous les agriculteurs consentent à consacrer leur blé à l'élevage du bétail ? Il faudra peut-être un demi-siècle pour produire cette révolution.

Quelle sera la progression annuelle ? Ce serait un résultat inespéré si nous obtenions que notre théorie amenât annuellement une mise en pratique représentant 5 pour 100 de notre trop plein de blé, ce qui produirait une transformation complète en vingt ans. Ce serait donc un accroissement de 10.000 tonnes par an dans la production normale de notre viande.

Cette progression ne couvrirait même pas le dépassement annuel que présente l'accroissement de la consommation sur celui de notre production.

Ce ne sera que progressivement et dans un

temps assez long, les fumures provenant de l'augmentation du nombre de nos animaux d'élevage permettront d'obtenir un nouvel accroissement de notre production. Enfin, il faut aussi tenir compte que l'alimentation par le froment se substituera en partie à l'alimentation par l'avoine dont nous sommes loin de produire la quantité que nous consommons et que ce sera un remplacement d'une céréale qu'on n'importera plus et qui produisait sa part de viande.

Par suite, nous n'obtiendrons pas une surproduction immédiate bien sensible et nous ne saurions espérer voir de longtemps encore combler le déficit existant.

D'autre part, les viandes congelées ou conservées doivent venir sur nos marchés non pour concurrencer nos viandes indigènes, dont la saveur et la qualité seront toujours supérieures, mais pour permettre aux classes peu fortunées de réparer leurs forces par une alimentation réconfortante à bas prix.

Si les taxes de douane, d'inspection. d'octroi (1) et autres qui frappent les viandes en

(1) La taxe de douane est de 0 fr. 33 par kilogramme sur les viandes congelées, celle d'octroi de 0 fr. 12, total 0 fr. 45

France étaient abolies sur les viandes congelées provenant de Madagascar, on pourrait
vendre l'aloyau et l'entrecôte à raison de
1 fr. le kilogramme dans chaque grande ville,
dont la population donnerait une consommation suffisante pour couvrir les frais assez
élevés que comporte la vente de cette viande.

Il faut, en effet, se pourvoir de wagons ou
de chalands spéciaux pour les transports par
toutes les températures et de magasins de
réception munis de machines pour maintenir
une congélation constante jusqu'au moment
de la délivrance aux consommateurs. Seuls,
les grands centres permettraient cette installation.

Dans chaque grande ville de France on
créerait une nouvelle couche de consommateurs. Ce serait le rôti de viande mis à la
portée de toutes les bourses.

Cette viande ne concurrencerait donc en
rien la viande de nos agriculteurs et les deux
systèmes dont nous avons développé les

par kilogramme. On vend les bas morceaux 0 fr. 60 le
kilogramme ; le fisc perçoit ainsi 75 pour 100 sur le montant
de la nourriture des classes les plus nécessiteuses. — C'est
l'impôt progressif à l'envers.

grandes lignes, n'ont rien d'incompatible entre eux.

En raison des difficultés du transport, Madagascar ne peut songer à nous fournir qu'un léger complément de viande atteignant au maximum 100.000 tonnes par an sur une consommation qui doit atteindre deux millions de tonnes avant la fin de ce siècle.

Enfin, si la France, par une transformation radicale et immédiate de sa production de viande venait à combler son déficit, l'opération de Madagascar n'en serait pas moins productive. Il suffirait de diriger sur l'Angleterre, pays libre-échangiste, les viandes congelées et conservées, qui trouveraient là un marché plus que suffisant.

L'Angleterre produit toute la quantité de viande qu'il lui est possible d'obtenir et son insuffisance est de 600.000 tonnes par an avec augmentation constante et rapide.

Madagascar doit être appelé à un moment donné, à combler la majeure partie de son déficit. Cela se produira sûrement quand le mouvement commercial de ce pays permettra d'expédier un plus grand nombre de steamers.

CHAPITRE V

HISTORIQUE DES PAYS A CONSERVES. — RÉPUBLIQUE
ARGENTINE. — URUGUAY ET PARAGUAY. — BRÉSIL.
— AUSTRALIE. — NOUVELLE-ZÉLANDE. — ÉTATS-
UNIS. — NOUVELLE-CALÉDONIE. — COMPARAISON
AVEC MADAGASCAR.

Nous croirions ne pas avoir rendu suffisamment intelligible cette étude sur Madagascar,
si nous ne la complétions par l'historique des
pays qui fournissent les viandes congelées,
les conserves et les salaisons dont l'Europe
consomme pour plusieurs milliards par an.

Les grands pays pastoraux sont : les deux
Amérique, l'Australie, la Nouvelle-Zélande,
Madagascar, la Russie.

L'Amérique du Sud a été le premier pays
où se soient établies de vastes usines pour le
traitement rationnel de la viande sous toutes
les formes. On y compte environ quatre
millions de kilomètres carrés consacrés aux
plaines d'élevage ; les trois quarts de cette
immense superficie appartiennent à la République Argentine ; l'autre quart appartient à

l'Uruguay et à la province de Rio-Grande (Brésil).

Ces pays, n'ayant qu'une population fort réduite, n'utilisent pour l'alimentation qu'une faible partie de leur viande.

Si au Texas, on tue les bœufs pour la valeur de leur dépouille, dans la République Argentine, la principale valeur est représentée par la peau et le suif. Pour le mouton, la valeur réside toute entière dans la laine.

Nous avons dit que les prairies de la Plata couvrent quatre cent millions d'hectares ; ce territoire se répartit comme suit : La République Argentine, trois cents millions ; l'Uruguay et le Paraguay, cent millions.

Les gouvernements provinciaux et les sociétés d'agriculture y répartissaient les animaux de boucherie comme suit en 1888 :

1° République Argentine :

    Bœufs....   18.000.000 de têtes
    Moutons..   80.000.000   —

2° Uruguay :

    Bœufs....   10.000.000 de têtes
    Moutons..   25.000.000   —
    Porcs.....   12.000.000   —

Si l'on admet l'équivalence alimentaire de dix moutons pour un bœuf donnant 200 kilogrammes de viande; nous trouvons un existant alimentaire de 7.600.000 tonnes de viande pour les deux pays, soit une fois et demi l'existant de viande de la France, pour une population dix fois moindre.

RÉPUBLIQUE ARGENTINE

En 1886, on a exporté de la République Argentine, deux millions cinq cent mille cuirs bruts, secs ou salés, auxquels il faut ajouter cinq cent mille cuirs employés dans le pays ou perdus. Il a donc été abattu trois millions de bœufs en 1886, soit le sixième de la population bovine.

On tue indistinctement bœufs ou vaches et le croit est calculé à raison de 25 à 30 pour 100 du troupeau existant.

Dans les saladeros, on prépare surtout le tasajo destiné à l'alimentation des indigènes et des conserves diverses.

Pour la viande de boucherie, l'abatage se fait dans les mataderos.

En 1886, l'exportation a été, pour les moutons, de 132.000 tonnes de laine et trente-cinq millions de peaux. Le poids moyen d'une toison de mouton est de 1 kilog. 750, la peau avec toison pèse de 2 à 3 kilogrammes.

L'exportation des viandes d'Amérique répond non seulement à un besoin pour l'Europe, mais encore à un besoin pour le Nouveau-Monde, qui voit sans cesse sa production croître et qui voit baisser au contraire les anciens modes locaux d'utilisation (1).

Pour le bœuf, c'est l'industrie de la production du tasajo qui périclite.

Quant à l'élevage du mouton, il est surtout pratiqué, dans la République Argentine, pour la production de la laine. On consomme à peine un tiers de la viande (soit 5.000 tonnes); le reste est perdu.

Cette situation anormale est due en grande partie à la ruine des *graserias* ou fabriques de suif, qui employaient, il y a quelques années, plusieurs millions de moutons.

Pour le suif animal, la dépréciation a été produite par l'importation des huiles minérales et végétales employées de plus en plus à l'éclairage, par le développement du gaz

____

(1) J. Potix. — *Rapport du Jury de l'Exposition de 1889.*

de houille et celui de l'éclairage électrique.

L'abatage annuel des seuls *saladeros* de la République Argentine comprend environ cinq cent mille bœufs d'une valeur moyenne de 100 francs au moment de l'abatage, soit cinquante millions par an.

La valeur du troupeau total est évaluée à deux milliards de francs pour la race bovine et un milliard et demi pour la race ovine.

C'est en 1870 qu'eurent lieu les premiers essais de conservation des viandes par le froid : on envoya du Texas en Angleterre un chargement de viande congelée. Cette tentative fut renouvelée en 1873, par une expédition de 15 tonnes de viande, envoyée de Melbourne à Londres.

Ce fut la maison Tellier qui fit le premier essai commercial.

La première opération industrielle fut traitée en 1876 ; le steamer *Frigorifique*, magnifique paquebot français, fut spécialement aménagé pour cet usage et effectua le premier transport de viande congelée.

L'opération réussit en tant que conservation, mais, comme la plupart des opérations de début, celle-ci donna des résultats financiers déplorables, parce que c'était une affaire toute nouvelle, mal conçue, qui devait fatalement supporter le poids de toutes les écoles dûes au manque d'expérience.

Ainsi, par suite d'indications insuffisantes, on crut que la viande se conserverait plus aisément en isolant chaque animal dans la cale de congélation ; on décupla par là les frais de transport. Puis, comme rien n'était préparé au Havre pour recevoir ce premier chargement, on dut le laisser séjourner à bord jusqu'à ce que la vente au détail en fût terminée, ce qui dura fort longtemps, le consommateur manquant encore pour cette nouvelle denrée.

Le *Frigorifique* dût être vendu sans renouveler sa tentative, et la Société entra en liquidation.

Cet essai avait pourtant établi ce principe : La congélation permet de conserver indéfiniment les produits alimentaires.

Les Canadiens, enhardis par le succès du transport des viandes congelées, firent alors une tentative plus heureuse ; ils entassèrent dans une cale des carcasses de moutons mêlées à des blocs de glace. Les résultats furent satisfaisants, bien que la conservation par la glace ne soit pas recommandable, la viande restant dans un bain permanent.

En 1878, un industriel de Marseille, Julien Carré, fréta un navire, le *Paraguay*, qui fut installé avec des appareils et chambres frigorifiques pour transporter des viandes de bœuf et de mouton provenant du Paraguay et de la Plata. Cette installation était préparée pour recevoir les animaux congelés aussitôt après leur abatage. En effet, on avait déjà pu constater que lorsque la viande est congelée avant que la rigidité cadavérique ait disparu, la chair musculaire n'est pas, au dégel, réfractaire à la cuisson. Elle conserve toute sa saveur et ne s'altère pas comme le ferait une viande congelée après la disparition complète de la rigidité cadavérique.

Déjà, en 1885, on avait construit à la Plata des hangars pour la congélation des viandes et leur conservation indéfinie.

Toute entreprise de transport de viandes congelées doit nécessairement avoir de semblables magasins au départ et à l'arrivée.

Les deux premiers essais de transport de

viandes congelées de l'Amérique du Sud furent donc tentés par des maisons françaises. Les machines employées étaient basées sur l'utilisation du chlorure de méthyle et de l'ammoniaque. Elles présentaient de grandes difficultés pour les transports maritimes ; outre qu'elles exigeaient des tuyauteries considérables, elles offraient de graves inconvénients en cas de rupture de ces tuyaux.

La véritable machine convenant à ces transports fut inventée par Giffard ; elle est basée sur la détente de l'air comprimé.

Ce sont les installations frigorifiques de la Compagnie Sansinena qui sont les plus remarquables à ce point de vue.

Les industriels désireux de se rendre compte de ces installations peuvent les voir fonctionnant à Pantin et à Paris, 3, rue Turbigo. Le directeur de cette opération à Paris est M. Bossez, qui, avec la plus grande amabilité, nous a fourni tous les renseignements dont nous avons eu besoin.

La Compagnie Sansinena a apporté à l'industrie de la viande congelée tous les perfectionnements ; c'est surtout dans la décongélation de la viande que cette Compagnie a obtenu des résultats remarquables.

M. Sansinena est un de nos vaillants nationaux, basque d'origine.

Il avait remarqué que si les viandes congelées méthodiquement non seulement se conservent indéfiniment, mais encore ne perdent ni leur saveur, ni leurs qualités nutritives, elles offrent pour la vente un grave défaut : la surface extérieure prend, en effet, par la congélation et un long contact avec l'air, un ton noirâtre peu agréable à l'œil.

En France surtout, où l'on pare soigneusement les viandes de boucherie et où l'on attache la plus grande importance à leur aspect, ce défaut tout superficiel a toujours nui considérablement à la vente des viandes congelées.

En Angleterre, il n'en est pas de même : le boucher s'inquiète peu de présenter sa marchandise sous un aspect appétissant et le consommateur lui-même s'est rapidement accoutumé à l'aspect des viandes congelées.

M. Sansinena, en décongelant sa viande graduellement et en procédant par opérations successives, est arrivé à donner à ses produits une bonne valeur marchande.

C'est à Barracas, à 2 kilomètres de Buenos-Ayres, sur les bords du Riachuelo, que se trouve l'établissement de la maison Sansinena, appelé *La Negra*. Il occupe une superficie de 6 hectares et comprend de vastes bâtiments affectés aux abattoirs, à une fonderie de suif, à une fabrique d'oléo-margarine, à des magasins pour peaux et laines, et enfin à des chambres de congélation pouvant loger un stock de plus de cent cinquante mille moutons congelés.

Les animaux sont amenés par petites journées des centres d'élevage ; ils sont soumis à plusieurs examens minutieux de vétérinaires du Gouvernement.

Puis, ils sont abattus, dépouillés et soumis à la congélation progressive. L'abatage journalier est de deux mille cinq cents à trois mille cinq cents moutons pour l'exportation et un millier pour la consommation locale.

L'air froid était produit autrefois par cinq grandes machines J.-E. Hall, fournissant chacune, par heure, 4.982 mètres cubes d'air sec et froid pouvant atteindre — 70°.

Les machines Hall ne sont que des copies des machines Giffard. Elles compriment l'air à cinq atmosphères ; cet air est alors refroidi en traversant un faisceau de tubes de faible diamètre plongés dans l'eau froide. Il est envoyé dans les chambres réfrigérantes à une température de — 45° à — 60°.

Dans une transformation récente de tout son outillage, la Compagnie a remplacé les machines Hall par des machines de la Vergne à compression d'ammoniaque, donnant une économie de 75 pour 100 sur la consommation de combustible.

La température des chambres de congélation va de + 2° à — 20° pour produire la congélation complète de toutes les parties de viande, puis elle est ramenée à — 6°, maximum bien suffisant pour maintenir une parfaite congélation.

Les viandes sont empilées dans la dernière chambre lorsque leur congélation est complète.

Deux chalands à vapeur, munis d'une machine de la Vergne, apportent les viandes congelées aux navires transporteurs.

Treize steamers anglais et quatre steamers des *Chargeurs-Réunis* font le transport de ces viandes en Angleterre et en France.

Chaque steamer effectue dix voyages par an et transporte la viande de quinze à dix-huit mille moutons ou mille cinq cents bœufs à chaque voyage.

Trois grands steamers de Londres — Cardiff —transportent soixante mille moutons chacun.

C'est donc la viande de un million cinq cent mille moutons ou cent cinquante mille bœufs que la Compagnie Sansinena importe annuellement en Europe. En 1895, son importation a été de un million deux cent mille moutons et vingt-cinq mille bœufs, représentant 40.000 tonnes de viande congelée.

En arrivant en Europe, les viandes congelées passent des chambres froides des navires dans des dépôts frigorifiques et elles sont soumises à un nouvel examen de vétérinaires.

En Angleterre, la Compagnie possède divers entrepôts frigorifiques : celui de Londres, aménagé pour recevoir trente-cinq mille moutons ou 700 tonnes de viande; celui de Liverpool, qui peut en recevoir soixante mille ou 1.200 tonnes de viande; celui de Cardiff, suffisant pour trente mille moutons ou 600 tonnes de viande; celui de Manchester, contenant douze mille moutons ou 240 tonnes de viande ; enfin celui de Birmingham peut contenir dix mille moutons ou 200 tonnes de viande. Le dépôt du Havre peut contenir vingt-cinq mille moutons ou 500 tonnes de viande ; celui de Dunkerque, cinq mille moutons ; celui de Pantin, six mille moutons ou mille cinq cents bœufs : celui de la rue Turbigo, mille moutons destinés à la vente journalière.

La Compagnie possède encore des dépôts : à Toulouse, pour mille moutons : à Nice. pour deux mille moutons ; à Montpellier, pour cinq cents moutons.

A Genève, le caveau frigorifique contient mille cinq cents moutons.

Le système de décongélation est pratiqué suivant les procédés imaginés par MM. Lambert et Cook, et consiste à espacer les viandes dans les chambres aérées par des courants rapides d'air sec. La décongélation se produit en un laps de temps variant de douze à trente-cinq heures, selon la température extérieure.

La Société Sansinena et Cⁱᵉ a consacré un capital de dix millions de francs à cette entreprise, aujourd'hui des plus prospères. Le prix de vente du mouton entier à Paris est de 1 fr. 20 le kilogramme (0 fr. 60 la livre !) dont 0 fr. 45 pour le fisc.

Plus de mille boucheries anglaises ne vendent que des viandes congelées à un prix inférieur à 0 fr. 80 les deux livres anglaises.

A Paris, de nombreuses boucheries livrent à leur clientèle des viandes congelées ; mais, tenant compte du préjugé français, elles le dissimulent. Elles vendent cette viande 2 francs le kilogramme en moyenne, de telle sorte que le consommateur ne bénéficie pas de l'avantage que cette alimentation devrait lui procurer.

C'est la Compagnie Sansinena qui, la première, a introduit en France de la viande congelée. Son commerce d'importation représente plus d'un million par an. Tout le commerce des viandes congelées de la République Argentine est dans trois mains. Une seule, la maison Sansinena, a des dépôts en France et en Angleterre. Les deux autres sont : The river Plate Frenh meat C° of London, de MM. Drabble frères, établie à Compagna et Colona, important six cent mille moutons par an, et la maison Nelson, de

Liverpool, établie à Zaretta, important quatre cent mille moutons par an.

Les sept dixièmes de la viande exportée de la Plata sont consommés en Angleterre.

La perte de cette viande par suite d'avaries atteint à peine 4 pour 100.

C'est à Liverpool que la République Argentine expédie le plus de viande congelée. L'importation annuelle de cette provenance dépasse deux millions de moutons et quarante mille bœufs, donnant 50.000 tonnes de viande, représentant une valeur de cinquante millions de francs. La République Argentine envoie déjà en France et en Angleterre 8.000 tonnes de viande congelée de bœuf. Un bœuf vaut de 100 à 150 francs dans l'Amérique du Sud ; il ne donne comme rendement que son cuir et son suif ; sa viande est un sous-produit à peu près sans valeur sur place, parce que son exploitation industrielle exige des capitaux très importants.

Le mouton, donnant annuellement un rendement par sa toison, enrichit plus sûrement l'éleveur. Aussi est-ce sur les animaux de la race ovine que les spéculateurs jettent leur dévolu.

Les usines utilisant la viande en conserves ou salaisons dans la République Argentine, portent le nom de *Saladeros*. Au début, ces usines travaillaient le suif, salaient le cuir, et préparaient le tasajo et la carne-seca, destinés à l'alimentation des nègres du Brésil et des Antilles.

L'on travaille, maintenant que l'écoulement de ces deux produits est plus difficile, à transformer l'industrie de la viande, afin d'en tirer un meilleur parti.

Ce qui explique la lenteur de cette transformation, c'est que l'industrie des saladeros est très ancienne et qu'elle est complétée ou soutenue par la fabrication des extraits de viande.

A ce sujet, le 7 mai 1889, le président de la République Argentine s'exprimait en ces termes :

« Les Argentins n'ont préparé jusqu'ici de la viande que pour les nègres du Brésil et de Cuba; il est temps que les éleveurs reconnaissant que le grand marché consommateur des viandes de la Plata se trouve chez les nations européennes, préparent pour elles des produits qui rendent avantageuse une industrie aussi noble et aussi fructueuse que celle de l'élevage. »

La Plata produit annuellement de 20.000 à 40.000 tonnes de tasajo ou carne-seca, se vendant à des prix qui varient de 0 fr. 40 à 0 fr. 50 le kilogramme.

Le tasajo (cueros, sebo, xarque, carne-seca, etc.) se fait avec la viande des quartiers salée, séchée et pressée. Il se mange avec du riz ou des haricots.

Tous les déchets gras du saladero sont traités par la vapeur et fournissent du suif; les déchets maigres sont pulvérisés et envoyés en Angleterre comme engrais où ceux-ci se vendent à un prix qui ne dépasse pas sensiblement les frais d'expédition. C'est à cette façon primitive et barbare de traiter leurs déchets que les saladeros de l'Amérique du Sud doivent leur infériorité par rapport aux industriels des Etats-Unis.

Sur le Rio-Parana, à Santa-Elena, se trouve l'établissement de la Compagnie Kemmerich qui a été fondé en 1881 pour la production de l'extrait de viande d'après les procédés usités dans l'usine Liebig à Fray-Bentos.

Voici quelle a été la progression des

abatages de la Compagnie des produits
Kemmrich :

1884	18.873 têtes	1889	63.652 têtes
1885	26.460 —	1890	85.800 —
1886	30.891 —	1891	113.386 —
1887	32.940 —	1892	129.350 —
1888	43.500 —		

Le capital de cette Société a successive-
ment été porté, depuis 1884, de un million
565.000 francs à cinq millions de francs,
outre quatre millions de francs d'obligations.
En 1895, le fonds social a été encore augmenté
de deux millions. Soit onze millions de ressources permanentes. La Compagnie a acheté,
en 1890-1891, deux nouvelles stations, celles
de San-Janvier et Algarrobas, pour pouvoir
produire et élever elle-même son propre bétail.

Devant cette prospérité croissante qui
paraissait menaçante pour la Compagnie
Liebig, celle-ci a pris la détermination de
passer un traité d'une durée de dix ans,
renouvelable tous les cinq ans, aux termes
duquel la Compagnie Kemmerich cesse sa
fabrication et passe ses usines à la Compagnie
Liebig, laquelle lui achète son bétail à un

prix déterminé à l'avance, suivant le cours du tasajo et par quantité fixée. La Compagnie Liebig avait déjà acquis la station de Ramallo (Santa-Fé) pour y établir une succursale de ses vastes usines de l'Uruguay ; la concurrence allait devenir des plus aiguës entre les deux maisons rivales lorsqu'est intervenu l'accord que nous indiquons.

La base de l'accord a été un partage de l'activité des deux sociétés.

La Compagnie Kemmerich cesse d'être un fabricant d'extraits pour devenir un éleveur. Son gros capital de onze millions sera affecté à l'élevage du bétail. Elle continuera à produire le tasajo (viande affectée à la nourriture des noirs du Brésil et des Antilles).

Sur son territoire de 70.000 hectares, la Compagnie élève deux cent mille têtes de bétail.

La " *Liebig's extract of Meat C°* " s'est interdit d'exploiter d'autres usines, dans la République Argentine, que celles de la Compagnie Kemmerich.

Cette Compagnie a donné à ses actionnaires depuis 1891 un dividende de 7 pour 100 en consacrant près de un million par an à ses amortissements ou à sa caisse de réserve. Ses actions sont cotées 522 fr. 50 ; elles ont été émises à 500 francs.

Pendant les neuf premiers exercices, cette Société a réalisé un bénéfice brut de 6 millions.

C'était la maison Amieux qui livrait aux consommateurs français les produits de la maison Kemmerich. Cette Société est administrée à Buenos-Aires par M. Ernesto Tornquist, administrateur des plus habiles, qui est aussi attaché à l'opération des viandes congelées de la Compagnie Sansinena.

La Compagnie Liebig s'est donc rendue acquéreur de tous les produits de la Compagnie Kemmerich, de telle sorte que les extraits de viande de la République Argentine seront livrés au consommateur sous le nom de l'usine Liebig qui, elle, se trouve à Fray-Bentos, dans l'Uruguay, et dont nous parlerons plus loin.

L'usine de Santa-Elena produisait annuellement :

Extrait de viande......	130.000 kilog.
Bouillon concentré.....	110.000 —
Peptone de viande.....	50.000 —
Langues de bœuf......	60.000 —

Le siège social de la Compagnie Kemmerich est à Anvers.

URUGUAY ET PARAGUAY

A côté de la République Argentine se trouvent deux pays producteurs de viande : l'Uruguay et le Paraguay, qui abattent deux fois plus de viande pour l'exportation que la Grande République leur voisine, mais qui l'exportent sous une autre forme plus réduite : les extraits de viande.

L'abatage dans les saladeros de l'Uruguay dépasse un million de têtes par an.

La population bovine est de huit à dix millions de têtes ; sa population ovine est de vingt-cinq millions de têtes. Cette population représente un total de deux millions de tonnes de viande de boucherie, au minimum. Le bœuf y est plus rationnellement traité que dans la République Argentine. Aussi estime-t-on à 150 francs la valeur d'un bœuf et à 20 francs la valeur d'une brebis. Ce troupeau représente une valeur de deux milliards de francs.

Le saladero le plus important de l'Amérique du Sud est celui de Fray-Bentos, où se fabrique l'extrait de viande Liebig. On y abat quatre cent mille bœufs par an ; il occupe six cents personnes et a groupé une population de trois mille cinq cents âmes autour de ses usines.

L'extrait de viande de la Compagnie Liebig est obtenu à raison de 1 kilogramme par 34 kilogrammes de viande désossée et dégraissée.

On fabrique en même temps du tasajo dans les usines de la Compagnie.

La production annuelle de cette Compagnie est de 250.000 kilogrammes d'extrait, 150.000 litres de bouillon concentré, quatre cent mille langues en conserves, etc.

La Compagnie Liebig est aujourd'hui une Société anglaise, dont plusieurs administrateurs ou intéressés sont allemands. Son siège est à Londres, avec succursale à Anvers.

Cette Compagnie a distribué 15 pour 100 à ses actionnaires en 1895, bien que cet exercice ait eu à souffrir de la succession de trois sécheresses et du bas prix des produits que concurrencent les productions des Etats-Unis. Le capital de cette Société, qui était de dix millions, a été porté à 12.500.000 francs en 1895 (500.000 livres sterling).

Sur l'exercice 1895, cette Compagnie a augmenté ses immobilisations d'un demi-million affecté à l'agrandissement des dépôts d'Anvers et à l'acquisition de nouvelles machines plus perfectionnées.

Par ses acquisitions dans la République Argentine des produits Kemmerich, la Compagnie Liebig (Liebig's extract of Meat C°) va doubler sa production. Luttera-t-elle plus victorieusement contre les produits de Chicago? C'est l'avenir seul qui pourra nous répondre.

Le bétail de la Compagnie Liebig et de la Compagnie Kemmerich et les stations où il pâture ont une valeur de vingt millions. C'est une mise dehors énorme qu'on évite à Madagascar, l'élevage indigène donnant du bétail à un prix qu'aucune société ne pourrait obtenir.

Dans l'Uruguay se trouve encore le saladero de Sacra-Paysandu, exploité par la Compagnie Pastoril, qui prépare en conserves : des langues de bœuf, de l'extrait de viande, de la purée de viande ayant servi à faire l'extrait.

C'est aussi dans l'Uruguay, près de Salta, que se trouve l'un des établissements de la Compagnie Cibils, fabriquant des extraits de viande, des bouillons concentrés et des conserves et employant un personnel de cent cinquante ouvriers abattant cent cinquante bœufs par jour.

Citons enfin, comme produits de l'Uruguay, certaines préparations de viande liquide, en viande peptonisée destinée à l'alimentation des personnes malades ou débilitées.

L'ensemble des produits de l'Uruguay dirigés sur l'Europe tous les ans, représente plus de dix millions de francs rien qu'en extraits et conserves de bœuf. Le marché des extraits est à Londres où ces produits se vendent en gros de 8 à 15 francs le kilogramme, suivant marque et qualité.

L'industrie des viandes congelées n'est pas pratiquée dans l'Uruguay.

Malgré l'abondance du bétail, les industriels ont dû, pour assurer le fonctionnement régulier de leurs usines, se constituer éleveurs. C'est ainsi que les Compagnies citées plus haut sont propriétaires d'immenses territoires nourrissant plusieurs millions de têtes de bétail.

Ces sociétés ont dû, de ce chef, immobiliser des sommes considérables et grossir d'autant le chiffre de leur capital.

Les statistiques constatent que le nombre des bœufs existant dans l'Uruguay double tous les vingt ans, malgré les abatages industriels que nous avons signalés.

BRÉSIL

Dans la province de Rio-Grande du Sud (Brésil), à San-Luis de Caceres, se trouve le deuxième établissement de la Compagnie Cibils, fondé en 1882, employant trois cents hommes et abattant vingt-cinq mille bœufs par an. La Compagnie Cibils produit annuellement :

200.000 kilog. extrait de viande.
100.000 kilog. extrait de viande peptonisée.
35.000 langues conservées.

Cette Compagnie, dont le siège est à Anvers, prend une place tous les jours plus large dans le commerce des produits alimentaires.

Pour clore cet examen forcément rapide des productions de l'Amérique du Sud, nous devons ajouter que, si c'est dans ces contrées que l'industrie des conserves a pris naissance, leurs industriels n'ont guère suivi la marche du progrès.

Les conserves y sont fabriquées avec soin et méthode, mais la plupart des sous-produits y sont abandonnés ou à peine utilisés. L'outillage n'a pas subi les transformations qu'auraient nécessitées les nouvelles découvertes de l'industrie.

Aussi la plupart des usines à conserves y ont-elles succombé devant la concurrence des usines de Chicago, qui, très puissantes par leurs capitaux et la savante organisation de leur fabrication, se sont emparées de presque toute la clientèle européenne.

L'Amérique du Sud ayant de la viande qui coûte trois fois moins cher que celle des Etats-Unis, a dû se borner à l'expédition sur l'Europe de viandes congelées, extraits de viande ou bouillon et conserves de langues, ne tirant qu'un maigre parti des deux tiers de la viande que fournissent ses immenses troupeaux.

AUSTRALIE

Jetons maintenant un coup d'œil sur ce qui se passe dans les Colonies australiennes.

En Australie, le squatter doit sa grande fortune au mouton. Le mouton mérinos, qui domine dans ces contrées, se vend de 10 à 12 francs et donne, en moyenne, cinq livres de laine d'une valeur de 1 fr. 87 la livre à Londres. Le produit annuel de chaque toison représente donc presque le prix de l'animal. Aussi, après la tonte, les moutons se vendent-ils de 4 à 5 schellings l'un.

L'Australie possède dix millions de bœufs et cent millions de moutons pour une population de dix millions d'habitants.

Le bœuf australien, de la race Durham, représente un poids de 400 kilogrammes de viande abattue. Le mouton en donne 30 kilogrammes. Le bœuf a une valeur de 150 francs.

Les troupeaux existants représentent donc sept millions de tonnes de viande de boucherie ayant une valeur de deux milliards cinq cents millions.

Dès l'année 1882 (six ans après la première expérience du *Frigorifique*), un premier transport de viandes congelées fut tenté par les maisons anglaises. Le navire *Dunedin*, spécialement aménagé, partit de Port-Chalmers (Nouvelle-Zélande), le 15 février 1882.

emportant 175 tonnes de mouton congelé. La viande fut maintenue à une température constante de — 10°; elle arriva en excellent état.

En 1883, furent construits en Australie les premiers hangars destinés à servir d'entrepôt de viandes congelées. Ce ne fut que deux ans après que La Plata édifia des hangars analogues.

Si les Anglais n'ont pas été les inventeurs du système, nous constatons qu'ils n'ont pas tardé à l'appliquer sur les bases les plus larges. Cela s'explique, puisque l'Angleterre est, de tous les pays européens, celui qui importe le plus de viande pour sa consommation,

La viande d'Australie est d'une qualité bien supérieure à celle du Sud-Amérique.

Le mouton australien ou zélandais tient le premier rang comme poids moyen des animaux et saveur de la viande.

De même, le bœuf australien se rapproche beaucoup du bœuf Durham, son ancêtre, et les boucheries anglaises établissent une différence sensible de prix entre les viandes congelées des deux provenances.

A Paris, la Compagnie générale d'alimentation, dont le siège social est 50, boulevard Haussmann, a commencé l'introduction de viandes congelées de provenance australienne.

Cette Société a édifié à Saint-Ouen un dépôt de viandes congelées avec machines à congélation du système Fixary.

Le transport de ces viandes du Havre à Paris s'effectue à l'aide de chalands d'un port de 180 tonnes, munis de machines Fixary pour entretenir la congélation. Ce mode de transport donne une économie sensible sur celui qu'on avait employé jusqu'à ce jour à l'aide de wagons spéciaux.

L'État peut trouver là, en cas de mobilisation, des ressources précieuses. Ce transport, utilisant les voies fluviales, alors que les voies ferrées seront encombrées par le mouvement de l'armée et du matériel de guerre, permet d'amener en quelques jours l'approvisionnement permanent des troupes de première ligne. Chaque chaland peut devenir un dépôt de viande congelée, assurant pendant trois ou quatre jours l'alimentation de quatre à cinq cent mille hommes. Nous pensons que l'Administration militaire songera à préparer, pendant la paix, le matériel nécessaire pour ces transports en temps de guerre.

La Compagnie générale d'alimentation construit actuellement au Havre, près du garage de Graville, une usine modèle qui va être mise en exploitation. Cette usine est munie de machines à chlorure de méthyle du système Douane. — Cette Compagnie possède un brevet pour la décongélation parfaite des viandes. C'est le système Nelson, appliqué en Angleterre et couronné du plus grand succès. — Le magasin de vente de cette viande, avec installation frigorifique, est établi 13, rue Coquillière. La Compagnie est en train d'installer des succursales à Bordeaux, Bruxelles, Anvers, et bientôt à Marseille.

Les hangars à congélation représentent une dépense de création correspondant à 30 francs par tonne de viande pouvant être emmagasinée. Un hangar pour loger quinze mille moutons abattus coûte 10.000 francs.

L'Australie expédie annuellement à Londres plus de cent mille moutons congelés.

La Compagnie générale d'alimentation, que nous avons citée ci-dessus, est encore à ses débuts ; elle prend néanmoins ses mesures pour une introduction en France, permettant de balancer celle de la Compagnie Sansinena au grand avantage de notre consommation nationale. L'Australie, possédant quatre fois plus de moutons que la Nouvelle-Zélande, en expédie dix fois moins sur l'Europe : par contre, elle envoie en grande quantité de la viande de bœuf congelée.

Quelques usines à conserves ont été érigées en Australie ; mais leur mouvement commercial est peu important. L'exportation se fait surtout sous la forme de viandes congelées, celles-ci donnant un rendement plus élevé.

Les usines australiennes fabriquent une conserve spéciale à ces contrées : la conserve de lapin.

C'est en Tasmanie que cette industrie prit naissance. Une usine couvrant 1.400 mètres carrés fut édifiée près de Hobart et fonctionna pendant quelques années. Puis, les lapins ayant envahi l'Australie au point d'y devenir gênants pour l'agriculture, le Gouvernement accorda des primes pour la destruction de ces rongeurs et ils furent chassés pour la valeur de cette prime. La viande en était livrée au commerce à vil prix. Des usines furent construites en divers points, et cette conserve, qui s'était vendue d'abord à Londres au prix de 12 schellings la caisse de vingt-quatre boîtes de 2 lbs, vit sa valeur descendre à 8, puis à 6 schellings la caisse. Les usines d'Australie continuèrent à fonctionner ; l'usine de Tasmanie dut fermer ses portes.

Elle a été transportée à Madagascar, en 1889, et son outillage y est affecté à la confection des boîtes vides et au traitement de certains sous-produits du bœuf à Diégo-Suarez.

NOUVELLE-ZÉLANDE

La Nouvelle-Zélande vient ensuite, dans l'ordre chronologique, comme pays producteur de viande de boucherie. Cette contrée tient la première ligne au point de vue de l'exportation des viandes de mouton congelées.

L'importation à Londres de moutons néo-zélandais a suivi une progression constante et rapide. Cette importation a été de :

$$8.839 \text{ moutons en } 1882$$
$$120.893 \quad - \quad \text{en } 1883$$
$$412.349 \quad - \quad \text{en } 1884$$
$$492.269 \quad - \quad \text{en } 1885$$
$$655.888 \quad - \quad \text{en } 1886$$
$$766.417 \quad - \quad \text{en } 1887$$
$$939.231 \quad - \quad \text{en } 1888$$

Soit trois millions trois cent quatre-vingt-quinze mille huit cent cinquante-six têtes en moins de sept ans.

Aujourd'hui, l'importation annuelle est d'un million et demi de moutons donnant 30 kilogrammes de viande par tête, soit 45.000 tonnes, d'une valeur de 800 francs la tonne.

La flotte affectée à ce transport est composée de dix voiliers et de trente-six steamers.

Le prix moyen de cette viande a été le suivant dans les boucheries anglaises :

En 1883... 1 fr. 35 le kilogramme
En 1886... 1 fr. »» —
En 1888... 0 fr. 90 —
En 1894... 0 fr. 80 —

Trois sociétés principales se livrent au commerce de l'exportation des viandes congelées de Nouvelle-Zélande à Londres.

Ce sont :

The New-Zealand Refrigerating C°, à Dunedin (province d'Otago), qui expédie deux cent cinquante mille moutons par an;

The Canterbury Frozen meat C°, à Christchurch, qui expédie quatre cent mille moutons par an;

The Wellington meat export C°, qui expédie deux cent mille moutons par an.

La Nouvelle-Zélande possède un million de bœufs et vingt-cinq millions de moutons. La valeur de ces animaux est de 150 francs pour le bœuf et 15 francs pour le mouton.

Le bœuf donne 300 kilogrammes de viande abattue et le mouton 30 kilogrammes. On peut donc fixer à plus d'un million de tonnes la quantité de viande de boucherie existant en Nouvelle-Zélande et à cinq cent millions la valeur du troupeau.

ÉTATS-UNIS

Nous avons à examiner maintenant le pays producteur de viande par excellence : les

États-Unis. Les contrées que nous avons étudiées sommairement sont surtout des productrices de laine. Le mouton est leur animal de prédilection. La viande n'est qu'un sous-produit ; la laine est la base de l'élevage.

Dans l'Amérique du Nord, le but que s'est proposé l'éleveur, c'est la production de la viande des trois races : bovine, ovine, porcine. L'industriel l'a secondé dans cette voie. Tout est aménagé pour la meilleure utilisation de la viande, pour sa mise en valeur la plus parfaite.

C'est l'industrie des produits du porc qui vient en première ligne comme importance. Cependant la valeur de l'exportation de viande de bœuf conservé sous ses diverses formes représente un chiffre annuel de plus de cent cinquante millions de francs. C'est le Texas qui produit le plus de bœufs, puis viennent le Colorado, l'Utah, Montana, Idaho et le Nouveau-Mexique, pour les bœufs nourris en pâturages, et l'Illinois, Indiana, Kentucky pour les bœufs élevés avec des céréales.

Les États-Unis possédaient en 1889 :

50.000.000 de porcs ;

50.000.000 de bœufs ;

49.000.000 de moutons, mérinos pour les trois quarts.

En 1895, cette population avait encore progressé de 25 pour 100.

Les bœufs des États-Unis donnent 400 kilogrammes de viande de boucherie ; les porcs 100 kilogrammes, les moutons 25 kilogrammes. Il y a donc là un stock de 32.500.000 tonnes de viande de boucherie, représentant un croit annuel de douze millions de tonnes, soit huit fois plus que la France.

Les bœufs des États-Unis descendent des races importées par les Espagnols, aujourd'hui croisées avec les races des Short-Horns, Herlforlds, Durham, Polled, etc.

Les États-Unis, proches voisins de l'Europe, ont l'avantage de pouvoir diriger sur nos marchés une partie de leurs animaux vivants.

Les grands centres de production sont situés sur la côte Ouest : les compagnies de chemins de fer ont dû aménager des wagons spéciaux, dits wagons-étables, destinés aux transports des animaux vivants. Une seule compagnie possède plus de mille cinq cent de ces wagons.

Les roues de ces wagons sont en papier

comprimé, cerclées d'acier, avec ressorts elliptiques, freins à air comprimé, accouplements automatiques, etc.

Rien n'est négligé pour assurer au bétail un voyage dans les conditions les plus *confortables*. Les wagons sont ventilés et contiennent chacun vingt têtes de gros bétail.

Un troupeau parcourt ainsi 2.500 milles en cent sept heures, avec une déperdition de poids qui ne dépasse pas 2 1/2 pour 100.

C'est à Chicago que se travaille la viande de bœuf, porc et mouton. Chicago est le grand abattoir des États-Unis. Viennent ensuite : Cincinnati, Saint-Louis, Omatra, Kansas city.

Chicago fournit la viande de boucherie et la charcuterie de la plupart des grandes villes des États-Unis. La viande, suivant la saison et la destination est congelée ou simplement réfrigérée. Les grandes fabriques possèdent quatre chambres réfrigérantes pouvant contenir mille bœufs chacune, mais dans lesquelles on ne suspend que six cents bœufs à la fois, afin de permettre une circulation plus facile de l'air froid, celui-ci est maintenu à une température de deux degrés. Les procédés employés pour obtenir cette température sont de plusieurs genres ; chez Armour, c'est une saumure glacée artificiellement qui circule dans des tuyaux adossés aux murs qui entourent la chambre.

Les animaux destinés à être vendus comme viande fraîche, sont divisés en quartiers et transportés à l'aide de wagons réfrigérants, emportant 10 tonnes de viande ou trente bœufs. La température de ces wagons est maintenue à trois degrés quelle que soit la saison.

On dirige sur chaque grande ville des Etats-Unis la viande convenant le mieux à sa population. Les morceaux de choix (aloyaux, côtes, etc.) sont expédiés en supplément assez considérable parce qu'ils sont toujours très recherchés dans les grands centres. Les épaules, plats de côtes, cous et abats, sont gardés dans les usines pour être utilisés aux diverses conserves.

Les morceaux de choix destinés à la consommation européenne ou lointaine, sont entièrement congelés et transportés dans des wagons maintenus à un température constante de cinq degrés. L'industrie des conserves s'est développée aux États-Unis dans une proportion gigantesque. Les viandes destinées à cette fabrication sont : 1° les bas morceaux des animaux servant à l'alimentation des grandes villes et à l'exportation des viandes congelées ; 2° les vaches indigènes ou les bœufs du Texas, engraissés au maïs.

Les viandes sont salées et marinées préalablement à toute autre opération, on les traite ensuite en conserves, salaisons, par le fumage, séchage, etc.

Rien n'est perdu des sous-produits du bœuf. Les langues sont ou salées, ou fumées ou mises en boîtes ; l'extrait de viande y est admirablement traité. Un perfectionnement du traitement a permis d'obtenir 1 kilogramme d'extrait pour 10 kilogrammes de viande désossée alors que les traitements rudimentaires de l'Amérique du Sud exigent 34 kilogrammes de viande pour le même rendement en extrait.

Les pieds et têtes donnent de la colle forte et des engrais. Les sabots et cornes sont livrés à l'industrie de la tabletterie qui en fait des peignes, des baleines de corset, des tabatières, des manches de couteaux, des boutons, etc. Le sang, après une cuisson méthodique qui permet d'en retirer plus de revenu que de poids égal de bonne viande, est séché et utilisé comme engrais. Les peaux des intestins, servent d'enveloppe pour les saucissons que l'on fabrique dans l'usine ; les déchets sont transformés en engrais. Les peaux de bœuf sont vendues aux tanneurs qui les paient 1 franc le kilogramme tandis que la viande ne vaut que 0 fr. 50.

La fabrique de colle et d'engrais dans laquelle la maison Armour et Cie utilise les rebuts de ses cuirs recouvre un terrain de 4 hectares et emploie quatre cents hommes.

Elle produit annuellement 3.000 tonnes de colle forte, 8.000 tonnes d'engrais, 2.000 tonnes de graisse.

Les eaux résiduaires qui ont servi aux lavages des chaudières, au nettoyage des tripes et gras-doubles sont vendues à la maison Jobbins qui en extrait de la glycérine. Cette maison paie un million de francs par an les eaux de lavage des diverses usines de Chicago.

La maison Armour fait tous les ans pour

plus de trois cents millions d'affaires et abat annuellement : un million deux cent cinquante mille porcs, six cent mille bœufs, cent soixante-quinze mille moutons. Elle emploie six mille ouvriers.

La maison Swift and C° tue annuellement : cinq cent mille porcs, six cent mille bœufs, qu'elle expédie en frigorifiques à Londres, Liverpool, Glascow et dans les États-Unis.

La Fairbanck Caning C°, qui emploie quatre mille ouvriers, tue annuellement : cinq cent mille bœufs, cent soixante-quinze mille moutons.

Elle possède six cent quarante wagons frigorifiques ou réfrigérants pour le transport de la viande fraîche.

La Hammond Dressed Beef C° abat deux cent cinquante mille bœufs par an pour la préparation des conserves diverses.

Ces quatre compagnies ont un mouvement d'affaires sur les viandes qui atteint un milliard de francs par an.

La valeur de l'exportation de viande fraîche de bœuf des États-Unis sur l'Europe dépasse tous les ans cinq cents millions de francs, auxquels il faut ajouter cent cinquante millions de francs pour les conserves et extraits de viande.

Nous avons dit que l'industrie de la conservation de la viande de porc est la plus importante des États-Unis. Elle compte plus de cinquante millions de sujets utilisant la majeure partie de la récolte de maïs des États dits de *corn-surplus* (à production de céréales abondantes).

La race est celle du Berkshire.

Les États-Unis exportent sur l'Europe la viande de trois millions de porcs conservée sous diverses formes, représentant trois cent mille tonnes de viande ou de charcuterie, d'une valeur de six cents millions de francs.

La maison Armour tue annuellement un million deux cent cinquante mille porcs et produit, outre le porc frais :

Saindoux...	20.000	tonnes
Charcuterie et salaisons. ...	50.000	—
Jambons	17.000	—
Saucissons............. ...	13.000	—
Total annuel de porc conservé............	100.000	tonnes

La maison Swift abat annuellement de quatre à cinq cent mille porcs, qui produisent :

Saindoux	20.000	tierçons
Lard d'équipage........	37.500	—
Jambon en conserve....	15.500	—
Jambon salé	1.525.000	—
Épaules salées ou en conserve	1.976.000	—
Flancs, côtes, etc.......	9.600.000	—

Que sont, à côté de cela, les produits totalisés de l'Amérique du Sud et de l'Australie ?

NOUVELLE-CALÉDONIE

Il nous reste à parler de l'usine de conserves créée en Nouvelle-Calédonie en 1887.

Son outillage des plus perfectionnés permettait de traiter tous les sous-produits du bœuf et nous aurions volontiers consacré quelques pages à la description des ateliers de Gomen et au bétail de Nouvelle-Calédonie, ces deux questions (la dernière surtout) nous étant familières. Mais nous ne croyons pas devoir retenir longtemps l'attention de nos lecteurs sur ce pays, parce qu'il a cessé de compter comme producteur de conserves. Les bœufs y font défaut et le fournisseur de viande fraîche du Gouvernement (la maison A. Jouve et Cie) est obligé de faire venir du dehors les bœufs destinés à pourvoir à l'alimentation des vingt mille rationnaires que compte la colonie. Le fournisseur a dû recourir à cette importation après de nombreux appels aux éleveurs demeurés infructueux.

Nous reproduisons le texte d'un de ces appels :

Avis aux éleveurs

« MM. A. Jouve et Cie sont acheteurs de bétail de boucherie au prix de *o fr. 75 le kilogramme.*

« Ils sont disposés à acheter par troupeaux entiers et à passer des contrats de gré à gré ».

« (*France australe,* 19 mars 1896) ».

La note ne dit pas si le prix de 0 fr. 75 s'applique au poids vif ou à la viande abattue.

Elle semble indiquer qu'il s'agit du poids vif, puisqu'elle parle de troupeaux entiers. S'il en était ainsi, la viande serait plus chère en Nouvelle-Calédonie qu'à la Villette.

L'État paie 1 franc le kilogramme la viande abattue destinée à ses rationnaires.

En supposant, ce qui est plus probable, qu'il s'agisse de viande abattue, le taux ci-dessus serait encore trop élevé pour permettre de fabriquer des conserves à un prix rémunérateur.

En effet, le 6 septembre 1895, les propriétaires de l'usine soumissionnaient une fourniture de conserves à un prix voisin de 2 francs la boîte d'un kilogramme et, pour expliquer ce chiffre qui n'avait jamais été approché dans aucune adjudication, ils offraient de prouver au Ministre, livres en mains, qu'ils ne réalisaient aucun bénéfice.

Les Américains, qui soumissionnaient autrefois à des prix variant de 1 fr. 14 à 1 fr. 30 la boîte, ont profité de la circonstance pour porter leur prix à 1 fr. 55 : ils paient la viande 0 fr. 50 le kilogramme et supportent 0 fr. 30 par boîte de droits de douane, dont sont exemptés les produits de Nouvelle-Calédonie et de Diégo-Suarez. Le prix net des conserves américaines ressort à 1 fr. 25 la boîte, l'État bénéficiant de la redevance de douane.

On peut donc considérer comme sans

avenir l'industrie des conserves de Nouvelle-Calédonie, car il est douteux que le Département de la Guerre consente à payer 2 francs le kilogramme cette conserve, alors que Madagascar lui en livrera à un prix de 30 pour 100 moins élevé.

En effet, ce serait une hérésie commerciale que de majorer son prix parce qu'on sera seul à fournir. Le Ministre userait certainement de la clause qui lui permet de recourir aux conserves exotiques par un simple décret. Il se créerait et il se créera d'ailleurs forcément à Madagascar plusieurs usines à conserves. Les prix s'établiront avec un bénéfice raisonnable et le Gouvernement profitera de la libre concurrence, que nous l'engageons à faciliter par tous les encouragements possibles.

Nous devons ajouter que, pour effectuer leurs livraisons au Ministère de la Guerre, les industriels de Nouvelle-Calédonie ont dû recourir eux-mêmes à l'introduction de bœufs vivants provenant d'Australie. L'encouragement donné par l'Administration bénéficiait surtout aux producteurs australiens.

Les États-Unis qui sont, de tous les États où se fabriquent des conserves, le pays où la viande atteint le prix le plus élevé. ne paient celle-ci que 0 fr. 50, soit 33 pour 100 moins cher que la Nouvelle-Calédonie.

Pour donner une idée de ce que doit produire une usine de bœufs travaillant rationnellement tous les sous-produits, nous plaçons ici le relevé d'une journée d'abatage prise au hasard dans l'usine de Gomen, qui est admirablement outillée et fort bien conduite.

Travail du 27 juillet 1892 : Abattu trente-neuf bœufs, ayant produit trois mille cinq cent seize boîtes réglementaires pour l'armée. soit quatre-vingt-dix boîtes par bœuf. et les sous-produits conserves suivants :

33 boîtes de langues de bœuf à 2 francs l'une............	66f »
326 boîtes de corned beef de 1 kilog. à 1 fr. 50........	489 »
265 boîtes de hachis de bœuf à 1 franc................	265 »
150 boîtes ox tails (queue en soupe) à 1 fr............	150 »
45 boîtes kidney (rognons en sauce) à 1 fr. 50.........	67 50
819	A reporter......... 1.037f 25

819	*Report*...............	1.037f 25

208 boîtes de tripes de 1 kilog.
à 1 fr. 50.................. 312 »

40 kilog. de moelle fine à 2 fr.
le kilogramme.......... 80 »

213 boîtes de bouillon concentré
à 3 francs le kilogramme. 639 »

18 kilog. d'extrait de viande à
8 francs le kilogramme... 144 »

15 kilog. d'huile de pieds à
4 francs le kilogramme... 60 »

1.313 boîtes de sous-produits en
boîtes = 40 0/0 du nombre
de boîtes réglementaires.

TOTAL.......... 2.272f 50

Soit 58 francs par tête, en dehors du suif, de la peau, des engrais et de la gélatine, qui représentent au moins autant. Les quatre-vingt-dix boîtes de conserves réglementaires par bœuf à 1 fr. 30 le kilogramme ont donné 117 francs. Comme on le voit, le rendement des sous-produits est exactement le même que celui de la conserve.

Le résultat, à Madagascar, est identique,

en comptant la conserve à 1 fr. 30 la boîte. Seulement, en produits de Madagascar, ce chiffre est un bénéfice net, les sous-produits couvrant tous les frais; en Nouvelle-Calédonie, le coût de la viande absorbe à la fois le rendement de la conserve et celui des sous-produits.

Nous avons terminé l'examen auquel nous avions convié nos lecteurs de ce que sont les pays producteurs de viande.

Nous ne parlerons pas de la Russie, qui trouve chez les nations ses voisines des consommateurs pour le trop-plein de sa production de viande, sans avoir besoin de recourir à la fabrication de conserves.

Il y a cependant une usine assez remarquable à Taganrock, sur la mer d'Azov.

Nous devons aussi mentionner, pour mémoire, une industrie spéciale qui travaille, à Rotterdam et à Anvers, les chevaux hors de service de l'Angleterre et en confectionne des conserves de viande employées, en général, pour l'alimentation canine.

Vingt mille chevaux sont annuellement traités dans ces usines.

Nous nous sommes surtout attachés aux productions destinées à l'alimentation humaine.

Nous avons voulu prouver que si Madagascar possède un troupeau nombreux, il n'a pas à redouter de ne pas en trouver l'écoulement. Que l'industrie travaille rationnellement, méthodiquement la viande de Madagascar, les centres de consommation ne lui manqueront pas, même en portant l'exportation à 100.000 tonnes par an et en l'augmentant ensuite progressivement.

Nous avons voulu surtout, en mettant en parallèle l'industrie de la viande dans les deux Amériques, prouver la supériorité des Etats-Unis, supériorité qui ne repose pas sur les bas prix de la viande, mais sur une meilleure utilisation de tous les sous-produits.

De tous les pays producteurs de viande, ce sont les Etats-Unis qui la payent le plus cher (0 fr. 50 le kilogramme au minimum); or c'est cette nation qui réalise les plus gros bénéfices sur ce genre d'industrie. Cela tient à ce que les usines de Chicago, appartenant à des sociétés puissantes, sont admirablement outillées pour le traitement rationnel de toutes les parties de chaque animal.

Madagascar peut profiter de cet exemple. Les industriels qui voudront s'y établir n'auront qu'à se préparer en conséquence, sans redouter un insuccès. Il s'agit de faire là ce qui se fait ailleurs; il suffira de choisir, pour chaque partie, un personnel compétent et un outillage bien approprié.

Si la première opération qui a été tentée en cette matière n'a pas réussi, cela est dû à des causes faciles à déduire et qui ne tiennent en rien ni au pays ni au bétail. On a sacrifié tous les sous-produits sans en traiter un seul; on n'a pas su fabriquer de conserves sans une perte atteignant de 30 à 50 pour 100. On a confié la direction générale de cette affaire à un administrateur délégué d'une incapacité notoire, et celui-ci a placé la direction de la fabrication entre les mains d'un suifier de la Villette et d'un ex-fabricant de conserves de beurre et de sardines.

Nul, dans toute cette usine employant deux mille personnes, n'avait jamais vu une usine de conserves de viande. On n'a pas su ou pas voulu tirer parti des ressources exceptionnelles qu'offre Madagascar, bien que l'usine eût un outillage perfectionné permettant de réaliser tout ce qui est produit dans les autres pays à conserves.

Ce fut un comptable qui résilia les contrats passés par le créateur de l'opération et fit choix du singulier directeur de fabrication qui devait ne produire que des conserves avariées ; ce fut ce même comptable qu'on délégua à Chicago pour choisir et recruter le personnel technique ; ce fut encore ce comptable qui eut la haute main en France sur toute cette opération industrielle. Incompétent et incapable en matière de fabrication ou d'écoulement des sous-produits, ce comptable mit le comble au désarroi de l'entreprise en oubliant d'encaisser les différences de droits de douane dûs par l'Administration de la Guerre et atteignant 700.000 francs. — Le gaspillage fut organisé par cet employé. — Avec un tel chef de service à Paris et un tel directeur à Diego-Suarez, la ruine était fatale et facile à prévoir. — Le créateur de l'affaire la prophétisa un an à l'avance en donnant les motifs et indiquant les remèdes : Il fallait prendre un fabricant responsable (et il en présentait un) et traiter tous les sous-produits (ce qu'acceptait le fabricant présenté à la Société). Cet avis ne prévalut pas.

Si, en deux ans, le créateur de cette affaire a su produire une œuvre qualifiée de colossale par ses successeurs, il faut reconnaître que ceux-ci n'ont pas suivi cet exemple. Dès son départ, on fermait l'usine, tous les travaux étaient arrêtés; ils ont été repris trois mois après en plein désarroi. — Il n'a plus été mis en place la moindre partie de l'important outillage des sous-produits. On s'est borné à construire une luxueuse maison pour le directeur; aujourd'hui que l'affaire est ruinée, le comptable improvisé chef de service de l'opération de conserves est redevenu un marchand de fourrages; l'administrateur-délégué, improvisé directeur général des usines, lui a emboîté le pas. Il en a été de même du troisième co-directeur. Quant au directeur de la fabrication, il s'est établi marchand de fromages.

Ils ont été les meilleurs juges de leur véritable compétence.

Lorsqu'ils ont eu à gérer leurs propres deniers et non les intérêts d'actionnaires bénévoles, aucun de ces trois ex-directeurs de l'immense usine de conserves de Diégo, ne s'est reconnu la compétence voulue pour fabriquer des conserves pour son compte personnel.

Que n'ont-ils eu la même sagesse quand il s'est agi d'administrer le bien d'autrui !

Il a fallu toute leur ignorance jointe à une insouciance complète, pour ruiner une œuvre qui déjà, pendant les mois de septembre et octobre 1892, avait réalisé des bénéfices, bien que l'outillage des sous-produits ne fût pas encore mis en place.

Madagascar offre, en effet, de nombreux avantages sur les pays que nous venons de décrire. Nous allons en faire ressortir les principaux.

Nous avons vu que la seule maison Armour produit annuellement 8.000 tonnes d'engrais. Quel en est l'écoulement ?

Les engrais n'ont pas de vente en Amérique, où les terres vierges produisent sans avoir besoin d'aucun amendement. De là l'obligation de chercher en Europe l'écoulement de ce produit. Il faut donc le loger en conséquence, le porter par chemin de fer jusqu'au port d'embarquement, l'embarquer, le transporter par mer, le débarquer dans un port quelconque européen, l'expédier sur le lieu de vente.

On voit la série des frais qui grèvent ce produit de faible valeur.

Quand l'industriel aura acquitté tous ces frais et payé les nombreux intermédiaires ou employés qui auront suivi toutes ces opérations, il ne lui restera qu'un bénéfice fort minime ; il a raison de ne pas le négliger, car, en industrie, tout revenu négligé est une prime à la concurrence du voisin, mais il ne retirera tout au plus, comme rendement net, que 50 pour 100 du prix de vente qui ne saurait dépasser 75 francs la tonne pour d'excellents engrais.

Quelle sera, à ce point de vue, la situation de l'industriel de Madagascar ? Elle sera singulièrement privilégiée.

A proximité de Madagascar, se trouvent les îles Mascareignes consommant annuellement de grandes quantités d'engrais à un prix minimum de 200 francs la tonne.

Ces engrais viennent du dehors ayant acquitté un fret de 60 francs par tonne.

La consommation annuelle se chiffre par

20.000 tonnes pour Maurice, 10.000 tonnes pour la Réunion, qui aurait besoin d'en consommer 10.000 tonnes de plus, mais qui ne peut faire face à cette dépense en raison de l'état de marasme dans lequel se trouve l'agriculture locale.

Madagascar pourrait fournir cet engrais avec un fret de 15 francs par tonne et sans frais de logement en raison du peu de durée de la traversée. L'embarquement aurait lieu à l'usine même, sans frais de transport.

La maison Armour ne produit que 8.000 tonnes d'engrais parce que le vil prix de ce sous-produit a poussé le producteur à ne transformer en engrais que les matières dont il ne peut trouver une utilisation plus lucrative et à abandonner même les engrais dont la teneur en azote ou phosphate ne permettrait pas une vente rémunératrice.

Il en est tout autrement de Madagascar et nous constaterons, dans le chapitre consacré aux engrais, que les usines travaillant les viandes peuvent fournir aux îles Mascareignes une quantité d'engrais plus élevée que celle que produisent les usines de Chicago, avec la certitude de trouver là un écoulement rémunérateur, même en réduisant sensiblement le prix de vente actuel.

De même les salaisons, saucissons, jambons et autres produits du porc bien préparés peuvent trouver une clientèle très importante dans tous les pays voisins qui font venir cet approvisionnement d'Europe à grands frais.

Les Seychelles, Zanzibar, Mayotte, la Réunion, Maurice, les colonies de Mozambique, du Transvaal, etc., toute la population minière de l'Afrique, qui font venir leur viande de Madagascar, et leurs conserves et salaisons d'Europe, sont des clients tout indiqués pour écouler une grande partie des sous-produits que les usines prépareront.

Donc Madagascar se trouve dans les conditions suivantes :

Bétail et main-d'œuvre trois fois moins chers que dans les pays producteurs de viande les plus favorisés; écoulement des engrais et salaisons avec moitié moins de frais et à des prix deux fois plus élevés.

Ce sont là des éléments de succès incontestables que nous signalons aux intéressés

Nous croyons qu'une compagnie avec un capital important qui voudrait exploiter cette branche trouverait à Madagascar une large rémunération des capitaux engagés.

Nous croyons que le bas prix des viandes congelées de Madagascar créerait de nouveaux consommateurs très nombreux et que notre alimentation nationale serait améliorée sans aucun préjudice pour nos agriculteurs, la viande congelée et conservée ayant à répondre à un besoin réel et à combler un vide dès longtemps constaté.

Nous estimons ne pas devoir clore ce chapitre sans mettre sous les yeux du lecteur un tableau des forces productrices et des résultats obtenus comparativement aux États-Unis et en Europe.

Si nous tenons compte des forces *machines* et des forces *humaines* de chaque pays et si nous les comparons entre elles, nous trouvons que le rendement donne la proportion suivante par *habitant* :

Aux États-Unis : 1.940; Angleterre : 1.470; France : 910; Allemagne : 902; Espagne : 590; Autriche : 560; Italie : 380. Chaque habitant des États-Unis dispose donc d'une force représentant plus de deux fois celle de chaque Français.

Les productions obtenues sont les suivantes par habitant :

	Boisseaux de grains	Livres de viande
Etats-Unis................	350	1.280
Angleterre...............	119	1.090
France...................	93	350
Allemagne...............	75	380
Autriche................	64	230
Italie...................	39	151

La différence de productivité par travailleur est considérable entre les Etats-Unis et l'Angleterre ou la France ; elle est énorme entre les Etats-Unis et l'Italie. Il y a là une indication sérieuse au sujet de la concurrence que les Etats-Unis font à l'Europe dans la production du blé et de la viande. La supériorité des Américains tient surtout au perfectionnement de tous leurs moyens de production.

Grâce à son outillage agricole, un ouvrier américain fait pousser autant de blé que trois Anglais, quatre Français, cinq Allemands, six Autrichiens, etc.

Si nous transformons la viande en grains en estimant que 10 livres de viande représentent un boisseau de blé, nous trouvons le rendement suivant, *par ouvrier* : États-Unis : 475 ; Angleterre : 228 ; France : 188 ; Allemagne : 118 ; Autriche : 115 ; Italie : 97.

Les salaires de l'ouvrier agricole américain sont de 0 fr. 65 par heure ; l'ouvrier industriel est payé 0 fr. 75 ; ils ont doublé en trente ans.

Ce n'est donc pas par la réduction des salaires que les Américains ont cherché à accroître leur fortune. Les salaires ont augmenté, au contraire, à mesure que le prix du blé et de la viande diminuait.

La fortune publique n'en a pas moins crû dans une progression rapide. Elle était de 205 dollars par habitant en 1820 ; de 514 dollars en 1860 ; de 1.039 dollars en 1890. L'accroissement de la fortune, a été de 37 francs par habitant de 1821 à 1840 ; de 388 francs par habitant de 1861 à 1880 ; de 389 francs par habitant de 1881 à 1890 (période de dix ans, au lieu de vingt ans).

La fortune moyenne est la suivante, par habitant : États-Unis : 1.039 dollars ; Angleterre : 1.260 ; France : 1.130 ; Hollande : 1.080 ; Belgique : 840 ; Allemagne : 730 ; Suède : 630 ; Italie : 480 ; Autriche : 475. Il faut remarquer que 94 pour 100 de la fortune des États-Unis ont été acquis en *un siècle* ; celle des états européens remonte beaucoup plus haut. Les terres des États-Unis ont une valeur de soixante-dix milliards de francs et le bétail est évalué quinze milliards.

L'accumulation par l'agriculture en trente ans (1860 à 1890) a été de *quarante-neuf milliards de dollars* ; soit un accroissement de fortune de plus de huit milliards de francs par an, donnant 2.000 francs par an et par agriculteur.

Les statitisques ne nous donnent pas des tableaux analogues pour l'Amérique du Sud, et nous le regrettons.

Que peuvent faire les états d'Europe pour lutter contre un tel amoncellement de richesses ? Se cantonner chez eux ! Ce serait la ruine en moins d'un siècle. Il faut modifier la production et l'accroître sans cesse, mais l'accroître judicieusement en portant tous les efforts sur les objets que nous ne produisons pas en quantité suffisante. Il faut fusionner les produits de tous les pays qu'abrite le pavillon français de manière à combler nos déficits le plus rapidement possible, sans avoir besoin de recourir à l'étranger.

Nous pouvons être, pour le monde entier, ce que sont les Etats-Unis pour l'Europe ; il suffit de mettre toutes nos richesses en valeur par les procédés les plus perfectionnés.

Nous en avons indiqué les moyens.

Il faut compter que la valeur des terres des Etats-Unis suit une progression croissante en raison de leur rendement. La valeur de la propriété européenne, au contraire, diminue de jour en jour.

L'augmentation annuelle de la fortune des habitants du nouveau monde suit une progression si rapide, qu'elle absorbe tous les accroissements qui se produisent dans l'univers. La fortune des états européens reste sensiblement la même : l'usure et la dépréciation jointes au coût des importations absorbent toutes les productions nationales.

L'Europe travaille pour l'Amérique.

Pendant que nous nous ruinons en frais d'armements, en salaires de fonctionnaires, avec un budget sans cesse grossissant, l'Amérique pacifique produit au meilleur compte et exporte ses produits.

Nos millions de travailleurs de toutes les professions sont ses tributaires. C'est pour l'Amérique que nous extrayons le charbon de nos mines, que nous battons le fer et travaillons le bois ; c'est pour elle que nous inventons tous les jours de nouveaux tissus et que notre production emploie ses forces. Avec ses cotons, ses viandes et ses céréales, l'Amérique draine nos produits ou bénéficie de tous nos efforts.

Si nous ne créons pas un nouveau courant à notre exportation, si nous ne trouvons pas une autre source pour combler notre vide alimentaire, nous continuerons à jouir d'une fortune moyenne de 5.500 francs par habitant, alors que nous verrons monter à 10, 15 et 20.000 francs la fortune moyenne des Américains, et cela en dépit de notre loi de douanes.

CHAPITRE VI

Nous avons indiqué, en parlant de la consommation de viande, que celle du Français n'était en moyenne que de 46 kilogrammes par an. Mais, comme toutes les moyennes, celle-ci varie avec la catégorie des habitants. La population urbaine diffère essentiellement de la population rurale au point de vue alimentaire. La consommation moyenne de l'habitant des villes est elle-même très variable. Dans les campagnes, également, la consommation moyenne décroit avec le nombre de la population. On pourrait citer telle bourgade des Pyrénées dans laquelle la consommation annuelle de viande fraîche n'atteint pas 5 kilogrammes par habitant. Il est des agriculteurs isolés qui ne connaissent la viande fraîche que de nom ou pour en faire de rares consommations.

En temps de guerre, tous les hommes valides sont placés sous la loi de la conscription. Quatre millions de citoyens peuvent être appelés sous les armes à différents titres : les quatre cinquièmes de ces militaires sont pris dans les campagnes et appartiennent à la catégorie des habitants qui, ne mangeant que peu de viande, font tomber la moyenne générale à 46 kilogrammes par an.

La consommation moyenne, par tête, des villes, villages et bourgs dont la population est inférieure à dix mille habitants est·inférieure au *quart* de la consommation moyenne de la France. (1) Par contre, la moyenne de la consommation du Parisien est huit fois plus élevée que la moyenne générale.

La moyenne de consommation des paysans appelés sous les armes n'atteignait pas 10 kilogrammes avant l'incorporation ; tout à coup, cette moyenne est élevée à 110 kilogrammes par homme. C'est un accroissement subit de 400.000 tonnes par an.

____

(1) A PAYEN. — *Les substances alimentaires.*

On comprend que cette situation ait dû préoccuper les divers Ministres de la guerre qui ont eu à assurer notre défense militaire. Elle ne pouvait échapper à leur sollicitude.

Dans la séance du 11 décembre 1895, M. Cavaignac s'est exprimé en ces termes à la Chambre des députés :

« L'intérêt de l'armée est engagé dans cette question.

« Nous nous trouvons, en cette matière, en présence de difficultés particulières. Quand nous avons à approvisionner les millions d'hommes qui se mobilisent, en pain par exemple, nous trouvons des ressources existant dès le temps de paix, les hommes sont simplement déplacés et nous n'avons qu'à déplacer la nourriture en pain, qui les suit.

« *Lorsqu'il s'agit de la viande, il n'en est pas de même :* nous avons à alimenter en viande, au jour de la mobilisation, un grand nombre d'hommes qui ne consomment pas de viande en temps de paix ; d'où la nécessité de constituer des approvisionnements spéciaux.

« Il y a un intérêt évident, au point de

vue de la défense nationale, à ce que nous soyons outillés dès le temps de paix, pour constituer ces approvisionnements »

Les villes que l'éventualité d'un siège a préoccupées, ont cherché également le moyen d'assurer à leur population une réserve alimentaire permanente.

Nous croyons l'avoir trouvé et nous en avons soumis le plan à l'administration compétente dès l'année 1893.

M. l'Intendant général Baratier, chargé de la direction de l'Intendance du Gouvernement militaire de Paris, nous a fait l'honneur d'en conférer avec nous à plusieurs reprises et il nous a demandé un travail, sur les conserves alimentaires et les viandes congelées, que nous lui avons fourni volontiers.

Voici quel était notre plan :

Obtenir du Ministère de la Guerre et des municipalités intéressées, certaines facilités permettant l'entretien permanent d'un stock de viande et de conserves correspondant à cent rations journalières pour la population militaire et civile de chaque ville.

Ces facilités étaient les suivantes :

Fourniture du local destiné à renfermer

ces approvisionnements ; paiement d'un intérêt de 3 pour 100 de la valeur de ces approvisionnements; consommation annuelle de 15 pour 100 du stock entretenu.

Obligation pour le contractant :

1º D'entretenir en parfait état et en permanence le stock convenu ;

2º De le renouveler dans un délai déterminé;

3º De fournir à l'Administration militaire et municipale les denrées entreposées, avec une réduction de 10 pour 100 sur le prix auquel ces denrées seraient vendues en gros aux détaillants.

La troisième clause permettait à l'Administration, en utilisant des viandes congelées ou des conserves de temps à autre pour l'alimentation des troupes, des hospices. de l'assistance publique, de récupérer la somme allouée à titre d'intérêt du capital immobilisé.

Nous croyons que ce procédé serait excellent pour les places fortes.

L'Administration aurait la charge d'établir les dépôts frigorifiques, lesquels seraient payés partie par les villes dans l'intérêt des habitants et partie par l'Etat dans l'intérêt de la défense nationale.

Il faudrait trouver un procédé analogue pour l'alimentation en viande des armées en campagne et ce serait facile.

Dans son livre sur « *les viandes de boucherie conservées par le froid* », M. Marchal, vétérinaire militaire, chargé du service de la boucherie militaire de Verdun, a traité cette question avec une entière compétence et une lucidité parfaite. Déjà en 1888, M. l'ingénieur Lambert avait consacré à la même matière une étude approfondie.

Ces ouvrages préconisent l'utilisation de la viande congelée pour les armées en campagne. Comparant ce mode d'alimentation avec celui qui est en usage, ils démontrent qu'il faudrait vingt fois moins de matériel de transport pour assurer le ravitaillement d'une même armée de un million trois cent mille hommes en employant la viande congelée qu'en continuant le système du bétail vivant.

Quarante wagons suffiraient pour assurer l'alimentation journalière de l'armée ; il en faudrait plus de sept cents pour transporter les animaux vivants.

Plus de parcs à établir, plus d'abattoirs.

La viande toujours prête et pouvant suivre les mouvements de l'armée sans encombrement et sans emprunter des unités aux corps combattants.

M. Lambert a joint à son étude des plans d'installations de dépôts centraux, de créations de wagons spéciaux et même de voies pour les divers transports.

Nous pensons que le Département de la Guerre aurait tout intérêt à utiliser ces précieux renseignements fournis par des patriotes éclairés, qui ont consacré de longues veilles à ces études fort arides et qui n'offrent un intérêt technique que pour certains spécialistes.

L'industrie fournit tous les jours des procédés nouveaux de transport, d'aménagements et d'armements ; les conditions de la guerre se modifient sans cesse, avec les augmentations croissantes d'effectifs. Que sera le premier choc de ces forces formidables ? Quels seront les facteurs les plus sûrs du succès ?

La rapidité de concentration, le bon fonctionnement du ravitaillement avec le minimum d'encombrement possible, sont des éléments préoccupant à juste titre les administrateurs qui, dans chaque nation, assument la responsabilité de la défense militaire.

Au jour de la mobilisation, les voies ferrées convergeant vers l'ennemi ont à faire face à un mouvement énorme d'hommes, de chevaux, de matériel de guerre, de munitions, etc. Les transports militaires encombrent les routes et les moindres chemins avec leurs voitures et les attelages réquisitionnés.

Faire mouvoir des troupeaux de plusieurs milliers de têtes de bétail au milieu de cet encombrement serait impraticable.

Un mode de transport paraîtrait tout indiqué, applicable aux viandes congelées : c'est celui qui utiliserait les voies fluviales à l'aide de chalands frigorifiques de 150 à 200 tonnes, munis de leurs moteurs.

Ce mode offre pourtant certains inconvénients qu'il convient de signaler. Il est plus lent que le transport par voie ferrée, quoique sensiblement plus rapide que le mouvement des troupeaux en marche. Les canaux peuvent être obstrués par les glaces; ils sont soumis à certains chômages. Enfin ils peuvent être rendus inutilisables par l'ennemi, qui peut faire sauter quelques écluses. Malgré ces inconvénients, nous croyons que l'Administration militaire doit avoir prévu l'utilisation des canaux et voies fluviales et qu'un matériel spécial et peu coûteux pourrait faciliter le ravitaillement en utilisant ces voies pour le transport des viandes congelées.

Tous nos fleuves sont reliés entre eux par des canaux; les chalands peuvent donc, en un temps assez court, passer d'un fleuve sur un autre.

Il y aurait un avantage incontestable à utiliser les voies fluviales pour le transport des viandes congelées. Ce mode de procéder donnerait en outre d'autres ressources précieuses. Le stock de viande prête à cuire, représentant plusieurs jours de vivres, pourrait se mouvoir avec une vitesse plus grande que les animaux sur pied. Il serait assuré de pouvoir se porter d'un point sur un autre sans redouter ni produire l'encombrement.

En cas de capture par l'ennemi, l'équipage peut, en quelques minutes, dénaturer le chargement et le rendre inutilisable. Il suffit de vider quelques litres de phénol dans la cale, ou de l'acide sulphydrique, ou tout autre produit que désigneraient nos chimistes, et d'ouvrir une voie d'eau préparée à cet effet.

Mais le matériel nécessaire pour de tels transports est tout spécial; il ne saurait s'improviser; il est indispensable que l'Administration militaire se préoccupe de le créer en temps de paix et en trouve l'utilisation courante; nous lui donnerons plus loin notre manière de voir à ce point de vue.

Nous devons, avant de rechercher comment pourrait se créer et s'utiliser un matériel flottant, envisager la situation exacte, actuelle, dans laquelle se trouverait notre ravitaillement militaire en cas de mobilisation.

M. le Ministre de la Guerre a reconnu que la mobilisation aurait pour résultat de donner une nouvelle catégorie de consommateurs de viande.

Nous avons essayé de chiffrer ce que serait cet accroissement de consommation.

Or, quel est le remède que le Ministre et la Chambre ont trouvé dans cette même séance du 11 décembre 1895. Le voici : ouvrir, en France même, des fabriques de conserves de bœuf, dont l'outillage serait utilisé en cas de guerre.

Depuis cinq ans, les parlementaires protectionnistes poussent le Ministre dans cette voie, et nous avons dû nous-même nous préoccuper de donner satisfaction à cette volonté, quoique nous trouvions que ce soit là un procédé bien dangereux, s'il n'est doublé de mesures efficaces.

Que se produira-t-il, en effet, en cas de guerre ?

Les bras manqueront totalement et brusquement à l'agriculture. Plus de semailles, plus de récoltes, plus de céréales, plus de fourrages, plus de viande.

La consommation sera accrue de 400.000 tonnes, la production sera tarie des trois quarts. De 200.000 tonnes, l'insuffisance s'élèvera à un million de tonnes. C'est ce moment que choisira l'Administration pour fabriquer des conserves sur tous les points du territoire, sans tenir compte que la ration de viande conservée représente deux fois et demie son poids en viande fraîche.

Par suite, malgré la réduction de la ration (0 kilog. 250 au lieu de 0 kilog. 300), l'alimentation de l'armée employera deux fois plus de viande que la consommation ordinaire.

et la simple transformation de cette viande fraîche en viande conservée amènera un nouvel accroissement de consommation ou une déperdition de viande (ce qui revient au même) de 400.000 tonnes.

Où prendra-t-on tout cet approvisionnement ?

Si on le demande à nos éleveurs, c'est la disette pour tous les consommateurs.

Nous pensons qu'il est bon, qu'il est patriotique que le Ministre de la Guerre favorise la production de conserves françaises. Il est bon que cette industrie puisse se développer en France comme elle se développe en Suisse, en Allemagne et en Autriche.

Mais nous ne pensons pas que ce soit au moment de la déclaration de guerre qu'il faille songer à l'utiliser. Nous estimons que le Ministre de la Guerre doit avoir un égal souci de l'alimentation civile et de celle de l'armée. Une disette s'abattant sur le pays, avec son cortège ordinaire d'épidémies, de deuils et de découragements, serait plus périlleuse qu'une défaite devant l'ennemi.

Notre opinion est que le soin du Ministre et du Parlement doit être de préparer et d'entretenir en permanence un stock de viande *tiré du dehors* et représentant le surcroît de consommation qu'entraînerait la mobilisation.

Ce stock ne peut être constitué que par des viandes conservées sous les trois formes ordinaires : congélation, salaisons, conserves en boîtes.

Le Ministre a bien fait quelque chose dans ce sens : il a constitué un approvisionnement de conserves de 20.000 tonnes. Cet approvisionnement est consommé et renouvelé tous les quatre ans à raison de 5.000 tonnes par an.

A l'avenir, ces conserves seront prises en France et dans les Colonies françaises à un prix moyen de 3 francs le kilogramme pour les provenances de la Métropole, et 1 fr. 75 pour les provenances des Colonies, soit un prix moyen de 2 fr. 35 par boîte. A ce prix, l'approvisionnement de 20.000 tonnes représentera une dépense de 47.500.000 francs pour le stock, avec un renouvellement annuel de douze millions de francs.

Nous croyons que, sans dépenser une telle somme, le Ministère et le Parlement auraient pu trouver une solution plus pratique : celle-ci ne donne qu'une libre disposition de quatre-vingt millions de rations.

Si le Département de la Guerre, qui n'a encore créé que deux usines frigorifiques (1) (Paris, Verdun), consentait à édifier une vingtaine de ces établissements, doublés de vastes magasins, en commençant par les grands centres de population, tels que : Lyon, Marseille, Bordeaux, Lille, Le Havre, etc.., il aurait assuré la possibilité de conserver de grands approvisionnements.

S'il donnait la jouissance de ces dépôts, à titre gratuit, à des industriels qui s'engageraient à entretenir, en permanence, un minimum de rations de viande ou conserves déterminé, moyennant l'obligation pour le Département de la Guerre d'en consommer annuellement 15 pour 100, nous sommes convaincu que l'Administration trouverait de nombreux concurrents.

(1) L'armée allemande a créé une usine à conserves à Spandau et des dépôts frigorifiques à Metz et à Strasbourg. — C'est à tort que M. de Brevans indique quatre usines frigorifiques en France ; celles de Belfort et Epinal n'existent pas encore.

Ces industriels pourraient être obligés, par un cahier des charges, de fabriquer leurs conserves en France ou dans les colonies françaises. Celles-ci ne pourraient avoir une ancienneté de plus de cinq ans.

Les conserves seraient de différentes natures : bœuf bouilli ou rôti; mouton bouilli ou rôti; jambon en conserves; galantine de bœuf; langues de bœuf ou de mouton, etc. L'Administration de la Guerre aurait la latitude de prendre telle conserve qui lui conviendrait le mieux, sous la seule obligation de consommer annuellement 15 pour 100 de la totalité de ces conserves. Celles-ci seraient livrées à un prix laissant une économie de 10 pour 100 sur celui des marchés actuels.

Quant à la viande congelée, le prix devant en être inférieur de 10 pour 100 à celui que paierait le public, cet aliment, d'un prix déjà réduit, donnerait une économie annuelle de plusieurs millions, en assurant une excellente alimentation pour les troupes.

Chiffrons cette opération d'ensemble. Le Ministre de la Guerre ne dispose actuellement que de quatre-vingt millions de rations de conserves de bœuf bouilli (c'est la conserve la moins nutritive de toutes celles de viande). Ce stock, d'un coût de 47.500.000 francs, entraîne une dépense annuelle de douze millions de francs pour les vingt mille rations de renouvellement, soit 0 fr. 60 par ration de conserves, prix moyen.

Le Ministre pourrait obtenir de divers industriels l'entretien permanent de :

1° Cent soixante millions de rations de conserves en boîtes variées: ou 42.500 tonnes à 2 fr. 35 le kilogramme (99.875.000 francs).

2° Cinquante millions de rations de viandes fumées ou salaisons diverses, ou 12.500 tonnes à 1 franc le kilogramme (12.500.000 francs).

3° Cent cinquante millions de rations de viande fraîche congelée, ou 50.000 tonnes à 1 franc le kilogramme (50.000.000 de francs).

Cet approvisionnement représenterait une valeur de cent soixante-deux millions de francs en chiffres ronds.

L'Administration de la Guerre s'engageant à consommer 15 pour 100 de chacune de ces trois catégories de conserves, avec 10 pour 100 de réduction sur ses prix actuels et à payer un intérêt de 3 pour 100 sur ce qu'elle ne consommerait pas, pourrait, moyennant une dépense maximum annuelle de cinq millions de francs, s'affranchir de l'obligation de consommer une partie quelconque de cet approvisionnement. Ce serait le pis aller pour elle. En consommant 15 pour 100 de chaque denrée, l'Administration militaire réaliserait par l'économie de 10 pour 100 sur le prix qu'elle paie actuellement sur une consommation de vingt-cinq millions de francs (15 pour 100 de cent soixante-deux millions), une somme de 2.500.000 francs que l'Administration pourrait sensiblement accroître en augmentant sa consommation. Cette augmentation pourrait porter sur les viandes congelées, que les bateaux frigorifiques distribueraient dans toutes les garnisons et les places fortes et qui peuvent encore voyager par les voies ferrées.

La ration de conserves ne coûterait plus que 0 fr. 54; celle de viande fraîche 0 fr. 27; celle de salaisons 0 fr. 225.

Dans le chiffre ci-dessus, nous nous sommes borné à tenir compte de l'économie sur la viande congelée, en comparant son prix avec celui de la viande de même nature. Mais si nous le comparions au prix des viandes infectes de boucherie connues sous le nom de *viande à soldats,* nous trouverions une nouvelle économie de 30 pour 100.

L'Administration aurait, il est vrai, à payer l'indemnité de 3 pour 100 sur l'approvisionnement non consommé, soit environ 4.500.000 francs, absorbant tout ou partie de l'économie réalisée; mais les municipalités intéressées auraient à supporter une partie de cette dépense et elle n'aurait plus à immobiliser 47.500.000 francs, ni à supporter les avaries sur l'approvisionnement. Les frais seraient de 60 pour 100 inférieurs et la réserve de viande serait quadruplée, avec un stock de trois cent soixante millions de rations.

Mais il y a encore d'autres économies à signaler :

M. Cochery, dans son Rapport sur le Budget de la Guerre de 1894, estimait que l'installation d'une usine frigorifique dans un camp retranché permet de réduire de 50 pour 100 les quantités de fourrages à entretenir pour alimenter le bétail, si l'on peut, dès les premiers jours de l'investissement, congeler seulement un tiers du troupeau d'approvisionnement (1).

Cette seule économie de fourrage suffirait pour couvrir la dépense de l'installation frigorifique. Or, notre système fait disparaître le troupeau tout entier d'approvisionnement, au grand bénéfice de l'État, et évite le risque d'une épizootie, qui se produit fatalement sur les troupeaux parqués et astreints à des marches forcées ou à des transports fréquents.

L'économie de l'approvisionnement de fourrage représente donc plus que le coût des usines de congélation.

Il resterait cependant à payer la dépense des chalands frigorifiques ; mais il suffirait de trois millions de francs pour couvrir le coût de trente bateaux frigorifiques de 200 tonnes munis de leur machine de congélation et de leur moteur. L'Etat aurait pour faire face à cette dépense, l'économie de 47.500.000 francs du stock d'approvisionnement.

Quant aux industriels qui traiteraient avec

____

(1) DE BREVANS.— *Les Conserves alimentaires.*— J.-B. Baillière et fils, 1896.

l'Etat, ils auraient une situation avantageuse que nous allons exposer.

1° Les fabricants de conserves auraient la jouissance gratuite d'un magasin pour loger leurs denrées. Ils auraient, en outre, la certitude de trouver un consommateur prenant annuellement 15 pour 100 de leurs produits, soit, en cinq ans (durée de la conserve) 75 pour 100 ; le public prendrait le surplus. Dans tous les cas, le négociant qui aurait constitué son stock, ne produirait plus annuellement qu'une quantité correspondant à la consommation constatée. Comme ses conserves seraient de nature variée, il lui serait loisible de porter l'effort de sa fabrication sur celles qui auraient le meilleur écoulement. Sa situation serait singulièrement privilégiée par rapport à ses concurrents. Enfin ce négociant recevrait 3 pour 100 du montant de ses denrées immobilisées, ce qui est un grand avantage commercial.

2° Les fabricants de salaisons se trouveraient dans le même cas.

3° Quant aux viandes congelées, dont l'Aministration pourrait augmenter la réserve en augmentant sa consommation, le public s'habituerait à en faire usage et ce mode d'alimentation trouverait là une réclame précieuse.

Rentré dans ses foyers, le militaire ne manquerait pas de combattre le préjugé qui s'oppose à la consommation de cette denrée et il en répandrait l'usage parmi les siens.

La jouissance des bateaux de congélation, pourrait être donnée à des industriels, à charge d'entretien d'un stock à déterminer, moyennant la même obligation de consommation et d'intérêt pour l'Etat. Ils pourraient circuler de ville en ville assurant l'approvisionnement des centres qui n'auraient pas de dépôt frigorifique.

Ces dépôts se multiplieraient rapidement ; les entrepreneurs devraient justifier de l'entretien permanent, dans un port de mer de leur choix, d'un stock représentant le plein chargement de leurs chalands.

Par cette combinaison, sans changer l'état de son budget, le Ministre de la Guerre pourrait quadrupler le chiffre de son approvisionnement de réserve et il n'aurait à encourir aucune responsabilité pour l'entretien et la conservation de cette masse de provisions :

son outillage faciliterait le mouvement des viandes congelées.

En cas de guerre, on trouverait là un stock énorme s'ajoutant à notre production alimentaire et permettant de faire face à l'accroissement subit de consommation.

Le déficit annuel de notre production nationale serait plus facilement comblé et le Ministère pourrait exiger que le stock de conserves, de salaisons et de viande congelée fût constitué et renouvelé à l'aide de viandes provenant de France ou des colonies françaises ou des pays de protectorat, pour satisfaire aux vœux du Parlement.

Par Madagascar la France peut aujourd'hui combler tous ses vides tant pour la consommation de sa population que pour ses approvisionnements de prévoyance. Il suffit de prendre les mesures propices, pour faire profiter nos nationaux d'une denrée saine et à un prix inférieur.

« Si, en France, la viande de cheval a pris de l'extension, c'est en raison de son bas prix. Or, il est certain que si, à bon compte, on peut se procurer d'excellente viande de bœuf, de mouton ou de porc, la classe ouvrière trouvera là un soulagement aux privations qu'elle est obligée de s'imposer, *à cause de l'exiguïté de ses ressources par rapport à la cherté toujours progressante de la vie matérielle.*

« Par un arrêté en date du 24 février 1895 l'importation des animaux de l'espèce bovine des Etats-Unis d'Amérique est prohibée.

« C'est une mesure radicale qui pourrait peut-être bien déplacer le mal sans le guérir (1). »

D'autre part, si nous considérons que toute dépense effectuée à Madagascar représente un bénéfice pour le Trésor par suite de l'absorption de notre monnaie sur la production de laquelle l'Etat réalise un boni de 55 pour 100, nous constatons qu'un contrat de cette nature représenterait un bénéfice de plus de cinquante millions pour notre Ministère des Finances (2).

Donc, nos administrations publiques pourraient, en suivant le projet que nous développons, quadrupler l'approvisionnement de

(1) M. MARCHAL.

(2) La combinaison du bénéfice sur la monnaie est longuement expliquée dans le livre *Madagascar et ses richesses.*

réserve en aliments variés, concourir à une meilleure alimentation de nos travailleurs, éviter une immobilisation de 47.500.000 francs, réaliser une économie annuelle de 2.500.000 francs en produisant un bénéfice de cinquante millions au Ministère des Finances par la disparition de cent millions de notre argent monnayé.

Bien que nous ayons soigneusement évité de placer dans cet ouvrage des appréciations techniques, réservant celles-ci pour un volume en préparation et qui a pour titre : *Traité pratique pour la conservation des viandes à Madagascar*, nous croyons devoir donner quelques détails sommaires sur les installations frigorifiques dans ce chapitre particulier.

Les dépôts de congélation des pays producteurs de viande et les navires transporteurs de viandes congelées utilisent des machines frigorifiques de différents genres, et qu'on peut classer en trois catégories générales :

Les machines agissant par la compression de l'air ;

Les machines agissant par la compression des gaz ou par leur liquéfaction ;

Les machines agissant par absorption.

C'est le célèbre ingénieur français Giffard, l'inventeur de la pompe alimentaire pour les générateurs qui porte son nom, qui construisit, en 1873, la première machine utilisant la détente de l'air comprimé.

Le principe de cette machine est celui-ci :

En comprimant un volume d'air, on obtient une élévation de température notable qu'il est facile de ramener à la température ambiante ; si on dilate ensuite cet air comprimé en le forçant à accomplir un travail mécanique, il éprouve un abaissement de température correspondant à l'augmentation que lui avait fait éprouver la compression.

Si nous comprimons de l'air pris à 15 degrés, par exemple, dans un réservoir où nous lui ferons supporter une pression de 4 kilogrammes ou 4 atmosphères, sa température montera jusqu'à 158 degrés. Si, baignant les tuyaux qui contiennent cet air comprimé dans une eau courante à 15 degrés, nous le refroidissons progressivement jusqu'à 20 degrés, nous devrons obtenir, à la détente, une chute de température correspondant à l'augmentation que nous avions produite, et nous aurons le rendement suivant en calories négatives.

Pression : 4 atmosphères.

Température de compression	157°	98
Température finale au déten-deur..............................	70°	58
Chute de température............	85°	58
Nombre de calories négatives obte-nues..............................		24.710

Par ce principe, une machine de dix-huit chevaux suffit pour produire 100 kilogrammes de glace par heure.

La maison Hall construit, dans ses usines de Dartford, les machines les plus perfectionnées pour la congélation par la détente de l'air comprimé (1). Par un perfectionnement récent, les machines Hall procurent une économie sensible en comprimant l'acide carbonique et utilisant l'acide liquéfié pour la production du froid.

Les derniers aménagements de ce système

(1) Ces premières machines sont aujourd'hui abandonnées en raison du prix de revient du froid. Mais ce sont toujours les machines Hall, par liquéfaction de l'acide carbonique qui sont le plus recommandables.

ont été appliqués, *en 1895,* sur les steamers des Chargeurs-Réunis *Campénas* et *Cordilleras,* sur le steamer *Gothic,* dans les dépôts frigorifiques de Genève, Nice, Toulouse, Paris, etc. C'est le meilleur type connu.

Le travail des machines Hall est très économique. En France, les machines du système Hall sont construites par la Société de travaux de Dyle et Bacalan, dans ses importants ateliers de Bordeaux.

Une machine de 25.000 francs suffit pour conserver 500 tonnes de viande congelée ou pour congeler 20 tonnes de viande par 16 heures de travail.

Les machines Hall à acide carbonique ne sont qu'un dérivé des machines Windhausen : elles utilisent des pressions de 80 atmosphères sans nuire à la sécurité.

Les machines agissant par liquéfaction des gaz sont de plusieurs sortes : à éther, à éther méthylique, à acide sulfureux, à gaz ammoniaque liquéfié, à chlorure de méthyle, à acide carbonique.

Les machines à gaz liquéfiés par compression ont un rendement plus élevé que les machines à air comprimé.

La maison française Raoul Pictet construit des machines à acide sulfureux.

La maison Fixary construit des machines utilisant le gaz ammoniaque liquéfié.

Les machines à éther ont été imaginées par la maison Carré : celles à éther méthylique sont utilisées dans les installations de M. Tellier, à Auteuil, fort remarquables.

Les machines à absorption sont théoriquement les meilleures ; en pratique, elles ne donnent que des résultats peu avantageux.

Si nous avions à établir des dépôts frigorifiques en France, nous préconiserions l'usage des machines Hall à acide carbonique, ou de celles à gaz ammoniaque liquéfié de Fixary. Sur les navires, malgré l'accroissement de la dépense de combustible, nous préférons les machines Hall à air comprimé, parce que c'est un élément qui ne fait jamais défaut et dont l'emploi n'offre aucun inconvénient. Pour les dépôts de congélation joints à une usine de conserves importante, dans les colonies, nous donnerons encore notre préférence aux machines Hall à air comprimé. Le combustible joue ici un rôle secondaire ; l'usine doit avoir, en permanence, une pression de 5 atmosphères dans son collecteur de vapeur. Elle doit pourvoir à une consommation considérable de vapeur pour le fonctionnement de ses machines-outils, de ses chaudrons, autoclaves, évaporateurs, bacs d'épreuves, etc.

La vapeur puisée au collecteur pour le fonctionnement de la machine réfrigérante ne représente pas un surcroît de dépense considérable. Il est d'ailleurs avéré qu'à Madagascar, en utilisant le bois comme combustible, à un prix ne dépassant pas 6 à 8 francs les 1000 kilogrammes, on obtient, par le traitement des cendres, un rendement supérieur au coût du combustible.

En France, où il est aisé de se procurer les matières premières, nous préférons l'emploi des machines à acide carbonique ou à gaz ammoniaque liquéfié, ainsi que nous l'avons déjà dit.

Au point de vue de la combinaison d'approvisionnements exposée ci-dessus, le rendement en viande congelée et conserves d'une usine spéciale serait le suivant pour Madagascar :

Poids de l'animal sur pied ..... 350 kilog.

Ce qui donnera :

Viande des 4 quartiers (50 0/0).	175 kilog.
Aloyaux à congeler..............	30 —
Viande d'usine	145 —
Poids des os (25 0/0),..........	36 —
Viande désossée...............	109 —
Perte au ressuage	5 —
Viande à cuire	104 —
Perte au blanchiment (40 0/0)...	42 —
Viande cuite....................	62 —
Déchets pr emplissage des boîtes	4 —
Viande mise en boîtes	58 —
Avaries de fabrication (2 1/2 0/0).	2 —
Nombre de boîtes préparées....	56 —

Un bœuf donne donc 30 kilogrammes de viande congelée et cinquante-six boîtes de conserves. Il reste en langues, viande du cou, queue, gras-double, cervelle, rognons, bouillon, de quoi produire vingt-cinq boîtes de sous-produits; total : quatre-vingt boîtes de conserves diverses.

Les bosses et la porcherie dépendant de l'usine donneront des salaisons dont nous chiffrerons plus loin le rendement.

Si on n'affectait pas une partie du bœuf aux

conserves, on obtiendrait 160 kilogrammes de viande congelée après ressuage et vingt-cinq boîtes de sous-produits.

Pour préparer 42.500 tonnes de conserves, à quatre-vingts boîtes par bœuf, il faudrait abattre cinq cent cinquante mille bœufs.

Une seule usine travaillant trois cents bœufs par jour donne un abatage annuel de quatre-vingt-dix mille bœufs.

S'il était accordé un délai de quatre ans pour constituer le stock de la Guerre et permettre l'écoulement de l'approvisionnement existant, une seule usine aurait préparé 29.000 tonnes de conserves, soit plus de moitié de l'approvisionnement prévu. Si le Ministère exigeait qu'une partie des conserves fussent fabriquées en France, une seule usine coloniale suffirait pour fournir l'approvisionnement indiqué, avec un appoint de 13.000 tonnes de conserves françaises en produits et sous-produits.

L'approvisionnement spécial de viande congelée à 160 kilogrammes par bœuf exigerait l'abatage de deux cent mille bœufs. Le surplus serait composé en viande de mouton et porc congelés. Cet approvisionnement pourrait être constitué graduellement avec une augmentation progressive de 2.000 tonnes par mois, soit deux ans pour compléter le stock. L'abatage serait de cent mille bœufs par an, donnant 16.000 tonnes. à joindre aux 2.700 tonnes d'aloyaux. Il faut prévoir une consommation de 50 pour 100 pour le public et l'armée, soit 19.000 tonnes de réserve en deux ans sur une production de 37.400 tonnes. Avec égale quantité de viande de mouton et 4.000 tonnes de porc, on obtiendrait 23.000 tonnes de réserve dès la première année et on compléterait à 50.000 tonnes la seconde année.

Cette réserve pourrait être constituée par plusieurs fournisseurs.

Une seule usine abattant tous les ans quatre-vingt-dix mille bœufs pour la conserve et cent mille bœufs pour la viande congelée serait cependant suffisante. Elle pourrait encore abattre cinquante mille porcs par an, à raison de cent cinquante porcs par jour, pour fournir les salaisons diverses et le porc congelé devant compléter la réserve.

Les salaisons se composeraient des jambons fumés, de saucissons provenant des abatages journaliers, langues fumées, tierçons de lard salé et de bosses de bœuf, saucisses sèches, etc.

Un abatage de cent cinquante porcs par jour, à 100 kilogrammes de viande par porc, donnerait 15.000 kilogrammes par jour.

En fumant et salant la viande de bœuf convenant à ce travail, on produirait tout autant de salaison.

Le saucisson comporte un mélange de viande de porc et de bœuf.

Une seule usine pourrait donc livrer journellement de 30 à 35 tonnes de viandes salées, congelées ou fumées. La réserve prévue serait facilement constituée en deux ans, tout en supposant une consommation de 50 pour 100 de la production de l'usine, consommation qui s'appliquerait toujours, naturellement, aux produits les plus anciens.

Que serait cette production à côté de celle de la moindre usine de Chicago?

Il est bon de faire observer ici que la consommation *journalière* des viandes, à Paris et dans le camp, est estimée, en cas de siège, à 620 tonnes environ, y compris les besoins de la garnison.

« Les ressources permanentes d'animaux

à l'élevage dans les départements qui entourent Paris sont extrêmement considérables et constamment recensées.

« La nourriture de ces troupeaux serait fort onéreuse. Il y aurait un incontestable avantage à abattre le troupeau au fur et à mesure de son arrivée et à conserver la viande par la congélation » (1).

C'est donc la viande congelée et non la conserve qui doit jouer le principal rôle dans la préparation des approvisionnements de réserve. La création des usines frigorifiques permettrait, au jour de la mobilisation, d'emmagasiner notre viande de boucherie sans déperdition et d'assurer l'alimentation civile et militaire pendant toute la durée de la guerre.

Dans la combinaison ci-dessus une certaine latitude devrait être accordée aux fournisseurs, surtout au début, leur permettant de modifier les proportions de chaque partie de cet approvisionnement.

Une fois les viandes arrivées en France et

(1) DELIGNY. *Rapport à la Commission de ravitaillement du Conseil municipal.*

logées dans les magasins, elles pourraient être warrantées et les fournisseurs ne seraient nullement tenus d'immobiliser un capital de plus de cent cinquante millions.

Ils auraient ainsi mis leur propre crédit à la disposition de la défense nationale et celle-ci serait mieux assurée, sans charge pour le Trésor.

Nous croyons qu'il y a là un projet méritant d'attirer l'attention de la Commission du Budget et du Directeur des Services administratifs, qui obtiendraient certainement le concours des villes intéressées.

CHAPITRE VII

Madagascar n'a pas encore d'agriculture
proprement dite. L'indigène se borne a
produire les récoltes dont il a besoin pour
assurer son existence et sa production agricole ne va pas beaucoup au delà.

La Réunion mesurant 200.000 hectares a
une exportation annuelle de seize millions
de francs provenant de son agriculture:
Maurice avec une superficie à peu près égale
exporte annuellement pour une valeur de
plus de cent millions.

L'île Maurice compte une population totale
de trois cent cinquante mille âmes dont, à
peine, soixante-quinze mille agriculteurs
Cette colonie produit annuellement plus de

100.000 tonnes de sucre d'une valeur de soixante millions de francs, sur une exportation évaluée à cent millions.

Madagascar, mesurant soixante millions d'hectares, soit trois cent fois la superficie de la Réunion ou de Maurice, possédant six millions d'habitants, mais pouvant en nourrir dix fois plus, peut donc espérer voir son exportation agricole atteindre *cinq milliards* par an, si on la compare à celle de la Réunion, et *trente milliards* si on la compare à celle de l'île Maurice.

Ce serait plus que suffisant pour remplacer le mouvement actuel d'échange de toute l'Europe avec les deux Amériques que nous avons mis sous les yeux de nos lecteurs et qui menace d'absorber toute la fortune de l'ancien continent.

Nous avons vu dans le chapitre précédent que l'île Maurice consacre annuellement quatre millions de francs à l'acquisition des engrais qui lui sont indispensables. La Réunion dépense deux millions par an pour le même usage. Ces colonies ne peuvent se procurer que des engrais chargés de frais énormes et rendant de plus en plus difficile la lutte contre les contrées plus favorisées, aux terres riches et naturellement fécondes. Nos usines pourraient améliorer cette situation en réduisant le prix des engrais.

Mais combien serait plus enviable le sort du cultivateur placé à Madagascar! Ici, les terres vierges abondent attendant le travailleur qui daignera les défricher. Dans chaque village se trouve un parc aux bestiaux où sont enfermés, le soir, les troupeaux nombreux de bœufs et de vaches.

La couche d'engrais est épaisse, nul n'en disputera l'usage à l'agriculteur qui voudra utiliser ce fumier. Il rendra même service à la communauté en procédant à ce nettoyage bienfaisant, que les grandes pluies de l'hivernage n'effectuent que très imparfaitement.

Presque pour rien, à raison de 10, 15 ou 20 francs par tête, il pourra se procurer les animaux de labour et de transport.

Très facilement et en peu de temps, il façonnera ses bœufs aux travaux auxquels il les destine; ils seront pour lui de précieux auxiliaires.

Sur une terre gratuite, avec une alimentation d'un bon marché excessif, trouvant une main-d'œuvre à bas prix, pouvant produire les récoltes les plus fructueuses, quel est l'agriculteur qui ne se trouvera pas cent fois plus avantagé que les cultivateurs résidant dans les colonies voisines ou les planteurs des États-Unis?

Les premiers occupants auront le choix du territoire convenant le mieux au genre d'agriculture auquel ils comptent se livrer. Si de vrais travailleurs agricoles, disposant de quelques ressources, se portent sur Madagascar, ne sont-ils pas assurés d'obtenir un rendement sur lequel on ne peut plus compter tant sur l'ancien continent que dans nos vieilles colonies?

Les agriculteurs qui s'implanteront à Madagascar peuvent être classés en trois grandes catégories : les indigènes actuels, se bornant à cultiver le riz pour leur nourriture et quelques plantes vivrières; les créoles des îles voisines habitués aux cultures des pays intertropicaux, qui introduiront avec eux les plantations coloniales : canne à sucre, vanille, cacao, café, épices, aloès, coton, alfa et plantes textiles, etc.; les agriculteurs européens, d'abord les moins nombreux, mais dont l'émigration peut être constante et qui importeront la culture de nos céréales, de la vigne, de l'olivier, de nos arbres fruitiers, etc.

La marche de l'agriculture à Madagascar répondra à ce mouvement d'immigration. Nous verrons d'abord se développer la culture indigène et augmenter le chiffre des exportations actuelles en riz, haricots, maïs, tafia et produits naturels : cire, caoutchouc, etc., ou manufacturés : rabannes, lambas, etc.

Puis à mesure que les vaillants créoles de la Réunion, de Maurice et des colonies voisines défricheront leurs concessions, nous verrons exporter quelques produits coloniaux dont la quantité augmentera selon les facilités accordées par l'administration locale et surtout selon les franchises dont ces produits bénéficieront en France (1).

(1) Par une circulaire du 20 février 1896, M. le Ministre des Colonies a informé les Gouverneurs des colonies des Antilles et de la Réunion qu'en vue de favoriser le développement de la culture du café, il avait décidé que le café à livrer au service colonial devrait provenir exclusivement des colonies françaises et pays de protectorat.

Là ne doit pas s'arrêter la bienveillance administrative.

La loi du 11 janvier 1892 applique le tarif de faveur aux denrées dites coloniales. C'est ainsi que les cafés, qui acquittaient un droit de 156 francs par 100 kilogrammes, ne paient

Enfin, le territoire malgache étant de plus en plus occupé, nous verrons les produits européens apparaître, d'abord pour éviter l'importation fort coûteuse des mêmes produits venus de trois mille lieues, puis pour lutter contre ces mêmes produits sur les marchés voisins.

M. Raoul Postel, dans son livre si intéressant sur Madagascar a consacré une vingtaine de pages à l'agriculture de cette contrée. Il nous permettra de nous inspirer de quelques-unes de ses critiques et de ses appréciations, qui nous paraissent bien présenter la question agricole à Madagascar avec ses avantages et ses inconvénients.

M. Postel n'a pas manqué de signaler l'avantage énorme que les agriculteurs de l'avenir trouveront dans l'abondance des

plus que 78 francs; les cacaos paient 52 francs au lieu de 104 francs et ainsi pour les vanilles, épices, etc.

Cela n'a pas amené encore sur notre marché une quantité de produits répondant à notre consommation.

Ces derniers n'ayant pas de similaires dans la métropole auraient dû entrer en pleine franchise.

M. Gerville-Réache, député de la Guadeloupe, a déposé sur le bureau de la Chambre un projet de loi tendant à accorder le dégrèvement total de ces denrées. Cette mesure sera-t-elle adoptée par le Parlement? C'est à désirer.

engrais produits par les troupeaux de bestiaux ; il s'élève à juste titre contre le déboisement qui a amené l'aridité complète de certaines régions.

M. Grandidier ne voit tout au plus en Madagascar qu'un pays de rizières : c'est un pessimiste. M. Riaux, au contraire, vante la fertilité inouïe de son sol ; c'est un optimiste. M. de la Vaissière, s'est tenu dans un juste milieu en disant qu'il en est de Madagascar comme de toutes les vastes régions : on y rencontre à la fois du mauvais, du bon et du très bon ; ce que M. Laillet a résumé en écrivant : « Toutes les ressources indispensables à l'alimentation de l'homme se trouvent à Madagascar. »

Il faut se défier des pessimistes ; ils peuvent ruiner une œuvre ou un pays avec la meilleure intentoin du monde. Suivant le mot de M. Melchior de Vogüé : « Les optimistes sont les seuls qui puissent convaincre et sachent conduire les hommes. *Seuls*, ils peuvent de grandes choses. »

Tâchons de rester optimistes.

Madagascar peut se diviser en trois zones au point de vue agricole et surtout au point de vue de l'hygiène : le zone basse ou des côtes, la zone moyenne de 80 à 500 mètres d'altitude, la zone centrale au-dessus de 500 mètres. Ces zones sont d'une étendue fort inégale selon qu'on les envisage sur la côte occidentale et sur la côte orientale.

Zone basse. — La côte occidentale plus plate et moins accidentée contient de vastes plaines bien arrosées et d'immenses pâturages naturels. Le sol est noirâtre et formé par un riche dépôt d'humus provenant des entraînements des fortes pluies de l'hivernage dans les forêts des montagnes centrales. Les Sakalaves qui habitent cette immense plaine du Nord au Sud. se bornent à y élever de nombreux troupeaux de bœufs et ne se livrent qu'à une culture sommaire pour obtenir le riz nécessaire à leur alimentation.

Cette partie est moins saine que la côte orientale, la grande chaîne du centre empêchant les vents de la mousson du Sud-Est de faire sentir leurs effets salutaires dans le canal de Mozambique, c'est, par suite, la moins peuplée et la main-d'œuvre y fait généralement défaut. Cette situation explique pourquoi il ne s'est pas fondé dans ces parages des établissements agricoles malgré la richesse du sol. C'est le pays de l'élevage par excellence. Les troupeaux y sont nombreux et à vil prix.

C'est la partie de Madagascar vouée aux futurs établissements industriels qui y précéderont la période agricole.

C'est à bon droit que ces terrains ont été considérés comme sans grande valeur et destinés à l'élevage dans l'arrêté qui règle les concessions territoriales à Madagascar.

Sur la côte orientale on trouve, dans la zone côtière du Nord et jusqu'à la chaine centrale, des forêts vigoureuses avec une végétation luxuriante, mais sauf quelques points, tels que Vohémar et Fénérife, la ligne des montagnes s'étend jusqu'au bord de la mer. Les plaines de Vohémar contiennent un pâturage excellent et peuvent rivaliser avec celles de la côte occidentale.

De Fénérife à Tamatave, les plaines reparaissent, permettant d'asseoir quelques opérations agricoles.

C'est dans le Sud de Tamatave que se trouvent les quelques plantations créoles dont il n'a été fait que de timides essais jusqu'à ce jour. Ces essais ont permis de constater, toutefois, que le sol de Madagascar ne le cède en rien à celui de la Réunion et de Maurice comme fertilité. On y a tenté tour à tour des plantations de café, de canne à sucre, de coton ; on y a planté le cacaoyer, le cocotier, le giroflier, toutes plantes de culture coloniale. Le café y a donné de 1 kilog. 500 à 2 kilogrammes par pied ; la canne à sucre y a donné jusqu'à 5.000 kilogrammes à l'arpent (3.600 mètres carrés); les autres plantations y ont assez bien réussi ; mais le manque de sécurité, les guerres de tribu à tribu, les déprédations des fahavalos ont amené la plupart des planteurs à déserter leurs concessions qui ont été pillées pendant la guerre de 1885 entre la France et les Hovas. La vigne y a été plantée et est assez bien venue.

Malgré la mauvaise réputation qu'on a faite à cette basse région, malgré les fièvres qui attendent fatalement celui qui s'y livrera aux premiers travaux de défrichement, c'est évidemment cette zone qui sera choisie de préférence par les créoles qui s'y porteront de nos diverse colonies. C'est la partie de

Madagascar qui convient le mieux à la culture des produits coloniaux.

Zone moyenne. — La région moyenne est celle qui commence à 80 mètres d'altitude jusqu'à 500 mètres. Cette zone est fort peu exploitée, bien qu'elle constitue, au dire des agronomes, la partie de l'île convenant le mieux à tous les genres de culture. Son terrain silico-argileux est d'un travail facile : il est arrosé par d'abondantes eaux vives et les vallées ont hérité d'une partie de l'humus entraîné par les fortes pluies. Sur les flancs des montagnes et dans les ravins se trouvent des parties boisées conservant les sources nombreuses qui descendent vers les plaines.

Cette région convient à la fois à la culture des produits tropicaux et des produits européens. C'est la zone par excellence du café et du cacaoyer ; mais on peut y cultiver également : la canne à sucre, le riz, le manioc, la pomme de terre, le taro, le maïs, les haricots, la vigne, et enfin *le blé*. — Toutes les tentatives y ont donné d'excellents résultats.

Les pâturages naturels y sont encore abondants, permettant l'élevage des bêtes à cornes et à laine. Quant aux animaux de basse-cour, leur multiplication y est devenue telle, qu'on les vend à des prix fabuleusement réduits.

L'accès de cette région est assez facile ; les côtes ne sont jamais bien éloignés et les cours d'eau importants permettent d'utiliser la voie fluviale. Sa salubrité est parfaite. Nous en recommandons l'occupation aux colons français.

Nous leur recommandons surtout, dans cette zone, la culture du cacaoyer.

La France consomme annuellement 30.000 tonnes de cacao ; nos colonies n'en fournissent que 700 tonnes environ.

Le cacao exige un climat de 22 à 30 degrés et un sol recevant de 1 m. 70 à 1 m. 80 d'eau par an. Les vallées de Madagascar, par 300 mètres d'altitude, répondent à ces conditions.

Dans l'Amérique du Sud, les arbres produisent de quinze à vingt fruits chacun, représentant une récolte d'un kilogramme par arbre.

Au Congo, on a récolté jusqu'à soixante-dix fruits par arbre, dont deux tiers de grande dimension et un tiers de petite dimension. On compte trente grains par fruit et on peut obtenir un rendement de 2 kilogrammes à 2 kilog. 500 par arbre de cacao vert, perdant 50 pour 100 de son poids à la dessiccation.

Bien cultivé sur un terrain propice, le cacaoyer donne un revenu de 3 francs à 3 fr. 50 par pied. La récolte est plus facile que celle du café; mais la fermentation et la préparation de la graine exigent plus de soins.

L'entretien d'une cacaoyère nécessite beaucoup moins de frais que celui d'une caféière. Un seul homme peut entretenir mille arbres dans les deux premières années de plantation, deux mille pendant les quatre années suivantes, et quatre mille ensuite lorsque la cacaoyère est en pleine production.

En ce qui concerne la culture du caféier, à Madagascar, nous renvoyons nos lecteurs à une brochure spéciale et fort intéressante, écrite sur ce sujet par M. Rigaud (1).

Zone centrale. — La zone centrale, qui constitue la principale partie de l'île, contraste péniblement avec le reste du pays.

(1) *Traité pratique de la culture du café dans la région centrale de Madagascar.* — Challamel, éditeur, 17, rue Jacob.

C'est que l'impéritie commerciale et agricole du Gouvernement hova ne s'est préoccupée, dans cette malheureuse région, que d'asseoir et de maintenir sa domination matérielle. — Toutes les forêts y ont été brûlées, il n'y a aucune route, car on ne peut donner ce nom aux sentiers praticables pour les seuls piétons, qui sont de véritables casse-cou.

Cependant l'agriculteur hova, grâce à un travail soutenu et à une irrigation savante, a trouvé le moyen d'utiliser ce sol argileux et de lui faire produire les plantes vivrières.

Mais la distance des côtes, la difficulté d'accès, les frais de transport à dos d'homme rendraient improductive toute exploitation agricole que voudraient y tenter des européens. Il faut attendre que des routes soient créées, que des chemins de fer sillonnent l'île en tous sens, offrant des moyens de transport sûrs et peu coûteux avant de songer à livrer cette zone à l'agriculture.

A la suite d'une étude faite par MM. Bourde, secrétaire général de la Résidence de Tananarive, et le Directeur de l'Agriculture de Madagascar, il a été constaté que les hauts plateaux ne conviennent pas à la culture du café. Une communication dans ce sens a été faite à la presse.

Notre opinion est qu'il serait imprudent de tenter la culture des plantes coloniales au dessus d'une altitude de cinq cents mètres. Cette zone doit être réservée aux céréales, fruits et légumes d'Europe.

Au point de vue sanitaire, c'est la région la plus favorisée de l'île. L'Européen s'y remet fort bien des fièvres contractées sur les côtes et il y aura lieu d'établir des sanatoria sur quelques points bien choisis de la chaine centrale.

Pour le moment, l'agriculture y est pénible et peu productive; c'est cependant la partie la plus peuplée en raison de ses conditions hygiéniques. Le premier soin de l'Administration locale devra être d'y reconstituer les parties boisées indispensables pour lui rendre sa valeur agricole.

Nos vieux ancêtres disaient : « Les bois gardent l'eau, l'eau fait le pré, le pré le troupeau, le troupeau l'engrais et l'engrais le blé. »

Tout dépend donc du bois, origine de

toute fortune agricole. — Le bois donnerait naissance, d'ailleurs, à une foule d'industries et procurerait le combustible qui manque dans la région centrale.

Il faut mettre en garde les futurs colons de Madagascar contre les illusions qui les attirent en général dans nos colonies. La première condition du succès, c'est de disposer de ressources suffisantes ; la seconde c'est d'être sobre et laborieux. Nulle part la fortune ne peut s'acquérir sans un travail opiniâtre : « *Labor improbus* ».

Mais, à Madagascar plus encore que partout ailleurs, il faut ne compter que sur soi-même ; travailler avec ardeur et avoir les moyens d'attendre les récoltes.

L'émigrant qui arrive à Madagascar sans ressources, eût-il une profession quelconque, est voué à la lutte la plus pénible. La main-d'œuvre y est à vil prix, et si la vie matérielle n'y est pas chère, c'est à la condition de se contenter de l'ordinaire de l'indigène et du créole : riz et viande. Les produits européens y sont d'un prix fort élevé, inaccessible au travailleur qui ne peut obtenir qu'un faible salaire en raison de la concurrence.

Certes, le sol malgache offre de vastes champs à exploiter à l'activité du travailleur. Sa terre y est fertile et susceptible des cultures les plus variées d'un rendement sûr et rémunérateur, mais il faut, avant de récolter, fournir un travail intelligent et persévérant.

Nos agriculteurs savent bien que les résultats sont toujours proportionnés aux peines, soins et sacrifices qu'on s'est imposés pour les obtenir. Dans un pays neuf, il faut avoir les moyens non-seulement d'attendre la récolte, mais encore la réalisation de celle-ci. Il faut donc, en même temps qu'on plantera les arbres de riche rapport : caféiers, cacaoyers, etc., songer à l'alimentation de tous les jours et l'assurer par les plantes alimentaires d'un revenu moins lucratif, mais qui permettent d'attendre le résultat final.

Quel est le chiffre des ressources indispensables pour pouvoir coloniser à Madagascar. Cela dépend de bien des choses et surtout du genre de vie que mènera le colon. Pour le créole des îles voisines, vivant de produits locaux et d'une récolte immédiate, quelques centaines de francs peuvent suffire.

Pour l'européen, au contraire, obligé de

se prémunir contre les maladies locales, de se munir des produits alimentaires auxquels il est dès longtemps accoutumé, il faut une somme assez élevée. Cette somme est d'ailleurs variable selon le nombre de membres de la famille, les habitudes antérieures, etc.

Mais il faut tenir compte que le Français est réfractaire à l'émigration, qu'on ne l'obtient pas facilement. si ce n'est des vaincus de la lutte pour la vie.

« C'est l'inexorable nécessité qui fait que l'on quitte le sol natal et sa famille. Cette pauvreté féconde trempe les hommes et fait d'eux les auxiliaires et comme les véhicules du progrès. — Que l'on fasse donc la part du pauvre, « qu'on l'encourage, qu'on l'aide « dans toute la mesure du possible (1). »

Il faut surtout mettre le colon en concession dès son arrivée. lui éviter les pertes de temps en lui donnant les conseils utiles. Celui-ci devra se mettre à l'œuvre sans retard en commençant les différents genres de culture.

Il conviendra pour lui d'avoir soin de varier

____

(1) M. Louis Barnet.

les plantations sur le même terrain pour ne pas voir appauvrir le sol et ne pas être obligé de recourir aux engrais dès le début.

Ce qui a lieu à la Réunion et à Maurice pour la canne à sucre sera, pour les colons de Madagascar, un avertissement salutaire de ne point se laisser abuser par l'appât de bénéfices à courte échéance qu'ils attendent des plantes coloniales, sans penser aux embarras, peut-être à la ruine qu'ils préparent pour l'avenir.

On entre, aujourd'hui, à Madagascar, dans la période des essais ; l'avenir apparaît sous des couleurs riantes, la colonie promet beaucoup aux intrépides et aux laborieux : mais il faut joindre à cela une patience à toute épreuve.

Il ne faut pas se borner à imiter les colonies voisines, il faut encore innover et essayer les cultures les plus variées. Nous recommanderons, à ce titre, la culture du cotonnier dont les produits auraient immédiatement et sur place un écoulement assuré.

Le Malgache est un consommateur de cotonnades. C'est un tisseur habile, ainsi que le prouvent les rabannes et les lambas tissés à la main qui s'exportent de Madagascar ; à proximité se trouve la côte d'Afrique dont les habitants sont encore d'autres consommateurs d'étoffes à bas prix.

Madagascar peut devenir le pourvoyeur de toutes les peuplades africaines.

La culture du cotonnier se recommande donc tout particulièrement.

Le cotonnier est originaire de toute la région intertropicale : il sera à Madagascar dans son centre naturel. Dans les pays chauds, les cotonniers sont persistants pendant deux ou trois ans ; mais il est préférable de les renouveler chaque année afin d'obtenir des produits de qualité supérieure. L'expérience permettra seule de choisir l'altitude qui convient le mieux à cette culture à Madagascar. Nous croyons que cette plante devra être maintenue dans les limites de la deuxième zone décrite ci-dessus.

La vigne pourra être cultivée dans la zone centrale ayant des plateaux à une altitude de 1.000 à 1.200 mètres avec une température variant de 5 à 24 degrés.

Ne perdons pas de vue que M. Laborde, qui a tant fait pour développer à Madagascar l'agriculture et l'industrie, y a cultivé la vigne avec un plein succès. Il envoya en France des échantillons de vin qui fut très apprécié.

Les Hovas, qui se sont emparés plus tard des propriétés de M. Laborde, ont essayé de cultiver la vigne; mais, faute de soins intelligents, ces essais n'ont donné que de maigres résultats. Les Malgaches coupaient et vendaient les fruits avant maturité, comme ils le font encore aujourd'hui pour les pêches et les ananas qui sont récoltés verts, dans la crainte des maraudeurs, les fameux favalhos.

Les missionnaires français ont aussi essayé de cultiver quelques plants de vigne, mais leur terrain, à côté de Tananarive, est mal exposé et très médiocre. Malgré ces conditions défavorables, ils ont récolté quelques bouteilles d'un vin de qualité inférieure, suffisant néanmoins pour leur consommation.

Plusieurs Malgaches, qui pouvaient disposer de meilleurs terrains et à qui les missionnaires ont fourni les plants et enseigné la taille et la culture, ont obtenu d'assez bons résultats.

Il semble donc que des cultivateurs expérimentés ayant la faculté de choisir des terrains bien appropriés à cette culture pourraient espérer un succès véritable et obtenir un vin de qualité ordinaire.

Ce résultat serait peut-être plus facile à atteindre si, comme on l'assure, on trouve à Madagascar, dans la région Ouest, une vigne qui croît spontanément dans les forêts et qui aurait une grande analogie avec la vigne américaine.

En 1882, on a obtenu à Tamatave du vin excellent avec du raisin récolté sur les lieux et provenant de plants bordelais.

C'est une culture à tenter.

Quant à la culture du blé, elle a été essayée sur plusieurs points : les résultats ont été parfois assez heureux, parfois médiocres. On attribue cet insuccès à ce que le sol n'a pas été travaillé convenablement. Il est certain que lorsque des tentatives auront été faites aux diverses altitudes, on finira par déterminer celle qui convient le mieux à cette culture.

Le Malgache et les créoles se contentent de riz ; mais les Européens établis dans l'île et ceux qui vont y venir du dehors, seraient bien aises d'avoir à leur disposition du blé qui ne provienne pas de l'étranger et nécessitant de grands frais de transport.

L'avenir prépare donc à Madagascar de grands succès agricoles. Son terrain, son climat en sont de sûrs garants. Il suffira d'y placer des travailleurs expérimentés ayant des ressources suffisantes.

Madagascar suffit largement à sa population et exporte déjà 20.000 tonnes de riz. Si les nouveaux occupants du sol sont des agriculteurs désireux de réaliser de gros revenus, il faudra bien qu'ils songent à créer des produits d'exportation.

Si la France a la sagesse de favoriser les échanges entre la métropole et la grande île africaine, nous verrons avant peu Madagascar nous fournir en abondance : sucre, café, cacao, vanille, etc., et nous demander en échange, une foule de nos produits manufacturés.

Le fisc y perdra quelques droits, mais notre exportation y trouvera de gros bénéfices et les millions que nous envoyons au Brésil, à Cuba, dans l'Inde, etc. pour les denrées coloniales, prendront le chemin de Madagascar.

Puis, dans un avenir prochain, Madagascar

deviendra un pays producteur de céréales, comme les Etats-Unis, et c'est alors surtout que ce pays pourra exercer une grande influence sur notre alimentation nationale.

L'Amérique assurée de l'écoulement de sa viande sous toutes les formes sur les pays européens a pu consacrer la majeure partie de ses céréales à l'élevage. Madagascar ne saurait avoir la même prétention.

La proximité de l'Angleterre permet l'expédition de bœufs vivants provenant des pâturages américains; le transport des viandes congelées s'effectue en quelques jours. Ce sont des avantages énormes qui permettent aux Etats-Unis d'affronter la lutte contre les pays producteurs de viande à l'aide d'animaux de boucherie élevés avec des céréales et d'un prix relativement élevé.

Madagascar pourra lutter avec avantage tant que ses bœufs seront élevés dans des pâturages naturels. S'il lui fallait consacrer des céréales à cet élevage, le prix de vente des viandes serait insuffisant pour couvrir les frais des récoltes.

Aussi sera-t-il préférable de demander à la France, pays manquant de viande, d'affecter ses céréales à l'élevage des animaux de boucherie et de combler ses vides au moyen des récoltes de Madagascar.

Si nous tenons compte de la superficie des deux pays et des produits que l'agriculture peut obtenir de la grande île africaine, nous constaterons que Madagascar peut récolter toutes les céréales qui manquent à la France, et nous fournir, en outre, un supplément de vingt ou trente millions d'hectolitres de blé pour augmenter notre production de viande.

Si la France produit plus de blé que sa population n'en consomme, d'autre part elle fait venir du dehors une grande partie des céréales qu'elle donne à ses bestiaux. L'avoine, le maïs, sont importés de l'étranger; Madagascar pourra nous en fournir la quantité qui nous manque.

Il y aura là, pour les deux pays, un avantage énorme et que nous allons chiffrer.

Supposons que notre hypothèse se soit réalisée et que Madagascar ait un trop plein de cinquante millions d'hectolitres de céréales. Pourrait-on utiliser cette denrée sur place pour l'élevage du bétail? Ce serait ruineux.

Nous avons vu ci-dessus qu'il faut compter environ 4 kilogrammes de céréales en sus de la ration journalière d'entretien pour produire 1 kilogramme de viande. Selon que cette viande est produite à Madagascar ou en France, elle représente une valeur de 0 fr. 10 ou de 1 fr. 50. — La viande exportée de Madagascar supporte des frais divers qui en quintuplent le prix de revient au moment de la vente sur les marchés européens. Les céréales, au contraire, peuvent être transportées à peu de frais et aborder notre marché dans des conditions économiques qui permettent de les affecter à l'alimentation de nos animaux de boucherie.

Si nos agriculteurs, mieux éclairés sur leurs vrais intérêts, ont consacré une large partie de leur froment à nourrir leurs animaux, les récoltes de Madagascar pourront être affectées à combler ce vide ; si, attachés à leurs vieilles traditions, nos agriculteurs persévèrent à vendre leur blé de 15 à 18 francs les 100 kilogrammes, ceux qui seront plus éclairés pourront, avec les céréales venues du dehors, augmenter leur production de viande, assurés de ne jamais faire face à la consommation croissante que constatent les statistiques.

Cinquante millions d'hectolitres de céréales

de Madagascar représenteront 500.000 tonnes de viande qui nous manquent aujourd'hui et qui manqueront encore en supposant que la transformation de l'élevage nous permette de faire face à l'accroissement constant de la consommation.

Il restera toujours les expéditions de viande congelée et de conserves de Madagascar, estimées à 100.000 tonnes par an. Ces viandes pourraient aussi bien être dirigées sur l'Angleterre, leur marché naturel, si le consommateur français leur faisait défaut.

Mais il n'en sera rien; nous avons dit que la viande congelée n'était pas destinée à concurrencer notre viande indigène et notre conviction est que le bas prix de cette viande en permettra la consommation aux indigents et aux nécessiteux. C'est à cette catégorie de consommateurs qu'elle est principalement destinée.

Le gouvernement qui en favorisera l'introduction aura rendu un nouveau et inappréciable service aux classes laborieuses: celles-ci préféreront se nourrir de viande saine et de bonne qualité à 0 fr. 30 la livre, plutôt que de consacrer la même somme à de maigres légumes sans valeur nutritive ou réparatrice.

De toute façon l'opération de viande de Madagascar est bien indépendante de la production de viande de nos agriculteurs. Ces deux viandes s'adresseront à deux catégories différentes de consommateurs.

Nous pensons donc qu'en s'adressant à nos éleveurs pour leur livrer leurs produits, les futurs agriculteurs de Madagascar ne deviendront pas les concurrents des producteurs de viande malgache.

Du reste, nous n'en sommes pas encore là et, d'ici au moment où les cultivateurs de Madagascar pourront expédier en France cinquante millions d'hectolitres de blé, d'avoine ou de maïs, il peut se produire telle révolution économique qui change toutes les bases de nos calculs.

Nous avons voulu nous borner à démontrer que les cultivateurs de Madagascar ne peuvent songer à devenir des éleveurs comme les américains et qu'ils doivent chercher et trouver pour leurs produits agricoles un autre débouché que celui de leur transformation en viande de boucherie.

Nous avons voulu prouver ensuite que la viande de Madagascar doit être industriellement travaillée pour venir, non combler notre déficit de production, mais augmenter notre consommation de viande en nous livrant des produits à bas prix.

Nous croyons devoir placer ici le texte des deux lois dictées à la Reine de Madagascar par M. Laroche, notre résident général à Tananarive, lois qui réglementent et asseoient la propriété foncière dans toute l'étendue de Madagascar. L'une régit les concessions à accorder, l'autre la propriété foncière existante à Madagascar. Ces deux lois sont bien conçues et répondent bien aux besoins de la colonisation. Nous ne formulerons qu'une critique contre l'exigence d'un capital de 5.000 francs de tout colon voulant obtenir une concession gratuite. — Certes, il est prudent de ne pas s'aventurer sans ressources dans un pays neuf où la solidarité ne saurait s'exercer, mais les mesures de prudence ne s'édictent pas par une loi. Exiger 5.000 francs de dépôt d'un colon voulant aller travailler le sol malgache, c'est enrayer la colonisation avant même que le mouvement d'émigration ne se soit produit. — Dans ces conditions, il est à craindre que la France n'envoie que peu de colons à Madagascar. Ce pays doit d'ailleurs compter surtout sur l'élément créole. Demander à un créole de justifier de la propriété de 5.000 francs c'est vouloir ralentir le mouvement qui va porter ces populations sur Madagascar. — D'autre part, si 5.000 francs sont nécessaires à une famille européenne pour attendre les premières récoltes, cette somme est exagérée pour le créole qui vit comme l'indigène des produits peu coûteux du sol. — Enfin il paraîtra peu démocratique de donner une concession gratuite au colon disposant d'un certain capital et de forcer celui qui est moins fortuné à payer la location et l'acquisition de la sienne.

Nous pensons que l'administration devrait conseiller aux émigrants d'assurer leurs premières années d'existence en leur remettant une notice indiquant le genre de culture qui peut leur permettre d'arriver le plus vite à assurer leur existence, mais nous croyons que là devrait se borner l'intervention administrative. Nous devons faciliter l'expansion de notre patrie et non la restreindre. Nous croyons que l'usage amènera les modifications que nous demandons à la loi sur les concessions.

LOI SUR LES CONCESSIONS DE TERRE

« Voici ce que je dis à mon peuple :

« De grandes étendues de terrain sont incultes dans l'île. C'est autant de perdu pour la richesse publique. Plus il y a de cultures, plus le pays est prospère.

« C'est pourquoi je désire que quiconque veut mettre en valeur des terres du domaine puisse le faire sans difficulté.

« On pourra donc à l'avenir acquérir ces terres de trois manières :

« *Soit par concession gratuite.* — Mais, afin que les terres ainsi données ne tombent pas entre les mains de gens qui continueraient à les laisser incultes, il faut que les demandeurs prouvent qu'ils ont les ressources nécessaires pour les mettre en valeur, et des précautions sont prises pour qu'elles fassent retour au domaine, si elles ne sont pas exploitées.

« *Soit par location.* — Chacun pourra, moyennant une rente payée à l'État, s'établir sur son lot et, si son entreprise est heureuse, acheter ce lot en toute propriété au bout de quinze ans à un prix déterminé d'avance.

« *Soit par achat immédiat.* — Chacun pourra, au prix fixé par la loi, acquérir tout de suite en toute propriété le lot qu'il aura choisi. Il est à présumer que sur la côte Est, où des cultures riches, comme le café, le cacao, la vanille, réussissent, et dans le haut pays où la population est nombreuse, la terre acquerra vite une grande valeur. C'est pourquoi, pour éviter qu'elle soit accaparée par des spéculateurs, l'étendue que la même personne peut acquérir est limitée à 2.000 hectares.

« Dans les bas pays du Nord et de l'Ouest, qui paraissent surtout propres à l'élevage, pour lequel de plus grandes étendues sont nécessaires, une précaution semblable a paru inutile.

« Afin qu'aucune contestation ne puisse jamais s'élever sur les terres provenant du domaine de l'État, aucune d'elles ne pourra être louée ou vendue avant d'avoir été immatriculée.

« Que mon peuple travaille! Le gouvernement lui assurera la jouissance paisible du produit de ses travaux. C'est dans cette intention que je promulgue la loi suivante :

« ARTICLE PREMIER. — Les terres du domaine peuvent être aliénées par voie de concession gratuite, de location ou de vente. Le directeur de l'agriculture et du domaine a qualité pour opérer ces aliénations, qui devront être approuvées par le résident général en conseil de résidence.

« ARTICLE 2. — Les concessions gratuites sont réservées aux personnes qui justifient par un dépôt dans une banque, soit en France, soit à Madagascar, d'un capital pour les mettre en valeur qui ne saurait être inférieur à 5.000 francs.

« Elles ne peuvent dépasser une étendue de 50 hectares. La même personne ne peut en obtenir qu'une.

« ARTICLE 3. — Toute personne qui désire une concession gratuite doit adresser la demande à la direction de l'agriculture et du domaine, à Tananarive, en l'accompagnant de la justification de sa qualité de citoyen, sujet ou protégé français, d'un certificat constatant qu'elle a fait le dépôt exigé par l'article ci-dessus et d'une déclaration par laquelle elle s'engage à employer la somme déposée à la mise en valeur de la concession.

« Le directeur de l'agriculture et du domaine attribue au demandeur le lot que celui-ci a choisi et lui délivre un titre de propriété provisoire, qui sera transformé en titre de propriété définitif lorsque le demandeur se sera établi sur la concession, qu'il aura dépensé la somme qu'il aura déposée en banque à y bâtir et à la mettre en culture.

« Les concessions gratuites ne seront définitives qu'au bout de cinq ans. Si dans les deux premières années qui suivront la concession provisoire, le demandeur ne s'est pas établi sur son lot et n'a point commencé à le mettre en valeur, la concession sera annulée. Si au cours des trois années suivantes le demandeur, après un commencement d'installation, abandonne son lot, ou cesse d'y travailler et d'y résider, la concession sera annulée également.

« L'annulation ne pourra avoir lieu qu'après la visite d'une commission composée du résident ou de son délégué, d'un délégué de la direction de l'agriculture et du domaine et d'un représentant du concessionnaire, qui constatera l'état de la concession. Si le concessionnaire avait quitté l'île ou s'il ne veut pas se faire représenter à l'expertise, il sera passé outre.

« ARTICLE 4. — Des locations ou des ventes seront consenties aux personnes qui ne désireront ou n'obtiendront pas de concession gratuite. Les personnes qui auront obtenu une concession gratuite pourront prendre en location ou acheter des terres domaniales au même titre que les autres.

« ARTICLE 5. — L'étendue des locations est déterminée au gré des demandeurs dans les limites des terres domaniales disponibles. Elles sont faites par baux de quinze ans au maximum, au prix fixe de 25 centimes par hectare et par an, payables à l'avance, dans les régions de l'Ouest et du Nord, et de 50 centimes par hectare et par an, payables à l'avance, sur la côte Est et dans le haut pays.

« On entend par haut pays les parties de l'île situées à plus de 500 mètres d'altitude et, par côte Est les parties de l'île comprises entre le haut pays et la mer, de la rivière Onibé près du cap Antgoutsi, à l'embouchure de la Mandrary, au delà de Fort-Dauphin.

« Un locataire aura toujours le droit d'acheter son lot en toute propriété au cours du bail, aux conditions fixées par l'article 6.

« ARTICLE 6. — Les ventes sont faites au comptant et au prix fixe de 5 francs dans les régions de l'Ouest et du Nord, et de 10 francs sur la côte Est et dans le haut pays.

« Les terres vendues à la même personne sur la côte Est et dans le haut pays ne pourront pas dépasser une étendue de 2.000 hectares d'un seul tenant.

« Pendant la durée de son bail, le locataire d'une terre aura le droit de préemption pour l'acquérir au prix indiqué ci-dessus. La vente aura lieu au comptant. Si l'étendue louée est située sur la côte Est ou dans le haut pays et dépasse 2.000 hectares, le locataire ne pourra acheter qu'un lot de 2.000 hectares d'un seul tenant qu'il déterminera à son choix dans l'étendue louée. Si le locataire n'use point de son droit d'achat, à l'expiration de son bail, le gouvernement reprendra possession de la terre pour en mettre la location ou la vente en adjudication.

« ARTICLE 7. — Quand un locataire aura laissé écouler six mois sans payer le prix annuel, payable à l'avance, de son bail, le bail sera annulé de plein droit et le domaine reprendra possession de la terre.

« ARTICLE 8. — Aucune terre domaniale ne sera louée ou vendue avant d'avoir été immatriculée. Les frais de l'immatriculation sont à la charge du locataire ou de l'acheteur.

« Toute personne désirant acheter ou prendre en location des terres domaniales adresse au directeur de l'agriculture et du domaine une demande dans laquelle il spécifie soit l'étendue de terre qu'il désire, soit les limites du lot qu'il a choisi, et consigne entre ses mains le montant des frais présumés d'immatriculation.

« Le directeur de l'agriculture et du domaine fait mesurer le lot et en fait lever, par le service topographique, le plan qui est joint au contrat de location. En cas de vente, il délivre à l'acquéreur un titre de propriété immatriculé.

« ARTICLE 9. — Si, parce qu'ils sont situés dans un lieu habité ou pour toute autre raison, des terrains vacants ont une valeur exceptionnelle, le gouvernement se réserve le droit de ne pas leur appliquer la présente loi et de les mettre en adjudication.

« Si plusieurs compétiteurs se disputent un même lot et qu'il soit impossible d'établir quel est le premier demandeur, le gouvernement aura également recours à l'adjudication. »

« RANAVALO-MANJAKA.

LOI SUR LA PROPRIÉTÉ FONCIÈRE

« ARTICLE PREMIER. — Le sol de Madagascar appartient à l'État, sauf les réserves contenues dans les articles 2, 4 et 6 ci-après.

ARTICLE 2. — Les habitants continueront à jouir des parcelles sur lesquelles ils ont bâti et de celles qu'ils ont eu l'habitude de cultiver jusqu'à ce jour.

« ARTICLE 3. — Il est institué, à Tananarive, une conservation de la propriété foncière à Madagascar.

« Le conservateur de la propriété foncière est chargé, dans des formes qui seront déterminées par une loi ultérieure :

« 1° De l'immatriculation des immeubles ;

« 2° De la constitution des titres de propriété ;

« 3° De la conservation des actes relatifs aux immeubles immatriculés ;

« 4° De l'inscription des droits et charges sur ces immeubles.

'« ARTICLE 4. — Il est institué à Tananarive un service topographique chargé de mesurer les terres et de dresser les plans qui doivent accompagner les titres de propriété.

« ARTICLE 5. — Les habitants qui voudraient acquérir des titres de propriété réguliers sur les parcelles qu'ils ont bâties ou qu'ils ont eu jusqu'à ce jour l'habitude de cultiver, pourront le faire sans autre dépense que les frais de constitution du plan par le service topographique et des titres par la conservation de la propriété foncière. Ils adresseront dans ce but une demande au directeur de la conservation foncière en consignant à l'avance entre ses mains les frais présumés de l'opération. Le directeur de la conservation foncière fera procéder à l'immatriculation et après que les droits des demandeurs auront été établis, il fera établir gratuitement un acte de propriété en leur faveur au nom de la reine.

« Les parcelles dont la jouissance est garantie aux habitants par l'article 2 ne pourront être désormais vendues qu'autant qu'elles auront été immatriculées, afin d'éviter toute contestation sur la propriété.

« ARTICLE 6. — Toute propriété immatriculée est inviolable. Le propriétaire ne peut être dépossédé de la moindre portion que pour une cause d'utilité publique légalement constatée et moyennant une juste et préalable indemnité. »

CHAPITRE VIII

Le lecteur pourra trouver extraordinaire de lire un chapitre qui traite des engrais dans un volume consacré à l'alimentation. C'est qu'il nous paraît difficile de séparer l'alimentation de l'agriculture et l'agriculture des engrais.

Les deux grandes sources alimentaires que nous avons envisagées sont le bétail et les produits du sol.

L'exploitation industrielle du bétail malgache nous donnera comme sous-produit une quantité considérable de fumier et d'engrais: l'exploitation agricole du sol de Madagascar nécessitera l'emploi de quantités considérables de cet engrais dès le début même et ces besoins ne feront que s'accroître avec le développement de l'agriculture locale..

Maurice, qui représente la trois centième partie de la superficie de Madagascar, mais qui est une colonie agricole à riche culture, consomme annuellement 20.000 tonnes d'engrais. Si nous supposions une exploitation agricole analogue à Madagascar, il faudrait prévoir une consommation de six millions de tonnes d'engrais par an. Sans envisager un tel besoin, nous devons croire à une consommation croissante, et le lecteur comprendra que nous ayons recherché, à cet égard, toutes les sources possibles de production.

La question des engrais à Madagascar a été traitée avec une grande clarté et beaucoup de compétence par M. Rigaud dans son *Traité pratique de la culture du café dans la région centrale de Madagascar*. Sa qualité d'ancien sous-directeur de la station agronomique du centre indique chez M. Rigaud des connaissances agricoles approfondies. Les études qu'il a faites de l'agriculture dans l'Imérina seront consultées avec fruit par tous les agriculteurs qui voudront se rendre compte exactement de l'avenir de notre nouvelle colonie.

Sans examiner les engrais au point de vue scientifique et désirant ne pas surcharger cette étude de formules abstraites, nous nous bornerons à dire que l'engrais est utilisé dans un double but :

1° Restituer au sol les parties organiques ou minérales qui lui ont été retirées par les plantes ou les arbres ;

2° Ajouter au sol les parties qui peuvent lui manquer et qui conviennent le mieux aux végétaux qu'on se propose de nourrir.

Le sol contient toujours en quantité suffisante certains corps ou éléments nécessaires à la formation de la plante ; d'autres sont puisés dans l'air ou fournis par la pluie. Nous n'avons pas à en parler.

Les quatre éléments qu'il faut ajouter au sol appauvri pour lui restituer sa fertilité sont la chaux, le phosphore, l'azote et la potasse.

Les végétaux contiennent ces principes et une dizaine d'autres qu'ils restituent au sol si on les laisse se décomposer sur place. c'est ce qui fait la richesse des terres vierges et du sol des forêts.

Si on se bornait à prélever les récoltes annuelles sans jamais amender le sol, on finirait par épuiser la terre, qui ne pourrait plus fournir que des plantes rabougries.

Mais si les produits naturels du sol finissent par épuiser celui-ci, l'appauvrissement serait encore bien plus rapide si, par une culture méthodique, des labours, des irrigations, etc., on le forçait à donner une récolte plus abondante.

Il faut donc ajouter à la terre, pour lui conserver sa fécondité, les quatre éléments indiqués ci-dessus dans la proportion qu'exige la plantation qu'on désire nourrir.

« La chaux ou oxyde de calcium a pour but de transformer l'humus et les matières organiques qui se trouvent dans le sol en substances propres à la nourriture des plantes. Elle est indispensable pour que la nitrification des matières organiques azotées puisse s'effectuer. Elle accélère l'assimilation par la plante des principes nutritifs du sol. Elle a un autre rôle très important comme amendement, surtout dans les terres argileuses compactes. Sous l'action de la pluie, l'argile se détrempe et, comme elle est très tenue, les parties fines argileuses se mettent en suspension dans l'eau et peu à peu tombent et bouchent toutes les fissures du sol. On se trouve alors en présence d'un terrain ferme, ne laissant plus circuler l'air dont les racines des plantes ont besoin ; l'eau stationne à la surface et ne se met pas à la disposition des racines ; les plantes végètent difficilement dans une terre pareille. La chaux ajoutée dans ces conditions précipite l'argile qui alors se réunit en petites masses, laissant circuler l'air et l'eau. Le terrain devient plus meuble et plus cultivable.

« Il ne faut cependant pas abuser de cette substance, car la décomposition des matières organiques serait alors plus rapide que ne l'exige la nourriture des plantes, et on en appauvrirait le sol. La chaux peut être obtenue à Madagascar très facilement et à bas prix, en utilisant soit des coraux concassés, soit des calcaires, que l'on trouve un peu partout.

« Le phosphore est puisé dans les os des animaux en attendant que l'on découvre des mines de phosphate de chaux. Les os tels qu'ils existent dans le corps de l'animal contiennent 50 pour 100 de phosphate de chaux. On peut donc en tirer un excellent parti, mais non les utiliser tels qu'ils sont. D'abord, il faut qu'ils soient pulvérisés pour permettre un épandage facile et présenter une grande surface d'attaque aux racines des plantes. Un os entier pourrait rester un temps très long avant que les racines des plantes en eussent pris une faible proportion. Il faut aussi qu'ils soient dégraissés. La graisse que les os contiennent dans une proportion de 10 pour 100 ne remplit aucun rôle favorable sur les plantes. Elle a au contraire l'inconvénient d'attirer les insectes toujours nuisibles ; d'un autre côté, elle empêche l'action des racines, en faisant l'office d'un vernis protecteur de la substance minérale. L'os doit donc supporter quelques préparations avant de pouvoir servir d'engrais. On peut le transformer soit en phosphates, soit en superphosphates. Ces derniers sont des phosphates traités par l'acide sulfurique dans le but de les rendre plus assimilables. Les os dégraissés peuvent être utilisés pour leur acide phosphorique sous trois formes :

« 1° Broyés tels quels. Ils constituent alors une poudre assez grossière contenant 55 pour 100 de phosphate de chaux et environ 5 pour 100 d'azote. L'effet de cette poudre est assez lent dans une terre en culture, mais peut être très appréciable dans un bois défriché ou un marais desséché, car la décomposition des matières organiques que ces sols contiennent les rendent acides, condition qui active l'assimilabilité des phosphates :

« 2° Les os dégélatinés pulvérisés. Ils proviennent des os qui ont été cuits à l'autoclore dans le but d'en extraire la colle forte. Ces os sont beaucoup plus friables que les précédents ; aussi se présentent-ils généralement sous la forme d'une poudre assez fine. Ils contiennent 65 pour 100 de phosphate de chaux et 15 à 20 pour 100 d'azote. Les remarques faites pour l'assimilabilité des os verts s'appliquent aussi aux os dégélatinés ;

« 3° Le phosphate précipité qui provient du dépôt obtenu en ajoutant du lait de chaux dans le bain acide qui a servi à dissoudre les matières calcaires de l'os, en laissant l'osséine, qui après manipulation produit la gélatine. Le dépôt séché et moulu forme une poudre blanche presque impalpable qui contient 90 pour 100 de phosphate de chaux, mais pas d'azote. A cet état le phosphate est aussi assimilable que le superphosphate. Il produit un effet immédiat dû surtout à sa division qui est poussée à un degré extrême (1) ».

C'est la forme sous laquelle les phosphates de Madagascar peuvent atteindre à Maurice leur plus haute valeur marchande.

Ce procédé a donné un triple rendement :

10 pour 100 de graisse.

16 à 18 pour 100 de gélatine.

70 pour 100 de poudre d'os ou phosphate précipité.

Sur les points où ne se trouvent pas des appareils pour opérer le traitement des os, au point de vue de l'extraction de la gélatine, on peut se borner à utiliser les os comme combustible et à les broyer ensuite ce qui est alors très facile. Ils perdent, il est vrai, tout leur azote et une grande partie de leur poids, mais les cendres qui restent contiennent 40 pour 100 d'acide phosphorique.

Les os verts doivent être concassés et pulvérisés à la meule, ce qui exige un outillage assez compliqué qui ne peut guère exister que dans les usines traitant les viandes de bœuf et ayant à réduire tous les jours une quantité considérable d'os et d'autres engrais.

____

(1) M. Panesys, ex-ingénieur des usines Valette, à Nevers.

Ainsi que nous l'avons dit, les phosphates ou poudres d'os ne sont absorbés que très lentement par le sol, on peut donc, sans inconvénient, en mettre plus que n'en exige la plante à nourrir. Ce qui n'est pas assimilé par les plantes la première année le sera les années suivantes; c'est un approvisionnement de réserve placé dans le sol.

L'azote est produit par les matières organiques; on le trouve en quantités variables dans les viandes et sang desséchés (17 pour 100); dans les phosphates d'os (5 pour 100); dans les cornes et rognures de cornes (14 pour 100); dans les poils du bœuf (13 pour 100). C'est l'azote qui nourrit les feuilles.

La potasse (potassium) se trouve dans les cendres de tous les combustibles. Les cendres contiennent plus ou moins de potasse, mais on peut compter que les cendres de bois de Madagascar en contiennent 10 pour 100 et 0,400 pour 100 d'acide phosphorique.

Chacun des quatre produits que nous venons d'indiquer correspond à un besoin du sol: ils doivent être combinés dans des proportions variant suivant la composition du sol lui-même et selon le genre de culture qu'on désire pratiquer, en tenant compte de la quantité de chaque élément que la récolte enlèvera à la terre.

Il est un engrais spécial qui comprend à lui seul une fumure complète : c'est le fumier proprement dit, provenant des étables des animaux.

Outre l'azote, la potasse et la chaux, cet engrais contient de l'humus et des substances minérales.

L'azote s'y trouve sous trois formes : ammoniacal, nitrique et organique.

M. Rigaud a analysé ce fumier, composé de litière d'herbes et des déjections des bœufs ; à l'état sec, ayant perdu 47 pour 100 de son poids, il titrait :

Azote............ 5ᵏ 96, pour 1.000 kilog.
Potasse . ... 7 13,   —
Chaux .... 19 81,   —
Acide phosphorique, traces,   —

Ce fumier est particulièrement riche en chaux ; si, en le mettant en meules, on ajoutait une certaine quantité de poudre d'os, pour produire le phosphate, on aurait une fumure complète et parfaite.

A Madagascar, les bœufs sont laissés en liberté dans les pâturages toute la journée ; ils ne sont parqués que la nuit, dans un stock-yard en plein air ; quelques-uns sont logés dans des fosses mais c'est l'exception et ce sont généralement des bœufs mis à l'engrais pour un abatage prochain.

M. Rigaud logeait la nuit ses bœufs dans une fosse garnie de litière ; il a constaté un rendement de fumier de 6 kilogrammes par bœuf et par jour. Nous croyons qu'en supprimant la litière on pourrait compter un rendement moyen de 2 kilogrammes par bœuf et par nuit.

En estimant à six millions le nombre des bœufs de Madagascar, cela donnerait une quantité de 12.000 tonnes de fumier par jour ; soit 4.500.000 tonnes par an. Il y a là de quoi satisfaire les besoins immédiats de toute l'agriculture de l'île de Madagascar.

Les parcs ne sont pas couverts, il est vrai, mais ce ne serait là qu'un mince inconvénient si le fumier était enlevé au fur et à mesure, c'est-à-dire deux ou trois fois par mois, de chaque parc.

Nous n'avons envisagé, comme fumier, que

celui à provenir des bœufs; si nous y ajoutons celui des moutons et des porcs nous trouverons un rendement suffisant pour tous les besoins agricoles et leur mélange dans des proportions à déterminer par chaque agriculteur, selon les besoins de ses terres et selon la culture qu'il pratiquera, donnera une fumure de qualité satisfaisante.

Voilà ce que peut donner Madagascar comme fumier naturel à consommer sur place ou dans le voisinage.

Quant au fumier d'exportation, qui doit avoir un titrage plus élevé, lui permettant de supporter les frais de logement et de transport, il faudra le produire dans les usines travaillant la viande.

Nous avons vu en parlant des pays producteurs de conserves, que l'un de leurs sous-produits était l'engrais. Cet engrais provient de deux origines: les déchets de viande et de sang pulvérisés, qui donnent des engrais azotés; les os des bœufs abattus, donnant les engrais phosphatés et représentant 25 pour 100 du poids des quatre quartiers de viande.

A cela doivent se joindre d'autres engrais que l'usine permet d'obtenir.

Les fumiers des parcs travaillés d'une certaine façon, avec un mélange des cendres provenant de la chambre de chauffe et arrosés par les urines des bœufs et du personnel de l'usine seront eux-mêmes suffisamment riches pour être expédiés au dehors.

Nous pouvons chiffrer comme suit le fumier à provenir de chaque usine.

Supposons un abatage journalier de trois cents bœufs. Le troupeau d'approvisionnement devra être de trois mille têtes en moyenne donnant, à 2 kilogrammes de fumier par tête et par nuit, un rendement de 6 tonnes par jour.

Les matières contenues dans les panses des trois cents bœufs de l'abatage quotidien représentent 30 kilogrammes par tête (10 pour 100 du poids vif de l'animal) soit 9 tonnes.

Le chauffage au bois des générateurs de l'usine consomme 30 tonnes par jour et les cendres estimées à 8 pour 100 donneront 2.400 kilogrammes à mélanger par couches au fumier des parcs et des panses.

La population ouvrière sera de mille cinq cents travailleurs au minimum, ce qui donnera une population de cinq mille habitants fournissant, par les vidanges, 2 tonnes de matières solides et 6 tonnes de matières liquides, destinées à façonner les engrais des bœufs par un arrosage répété.

Le rendement du fumier peut donc être évalué à un minimum de 20 tonnes par jour d'un engrais sec et pulvérisé.

Les os représentent 40 kilogrammes par bœuf donnant 18 pour 100 de colle ou gélatine et 70 pour 100 de poudre ou phosphates, soit 9 tonnes par jour d'engrais phosphatés.

Chaque bœuf fournit 5 kilogrammes de poudre de viande ou de sang représentant 1 tonne et demie par jour d'engrais azotés.

Chacune des usines produit donc pour l'exportation 30 tonnes d'engrais par jour, soit environ 9.000 tonnes par an et par usine.

Cinq de ces usines suffiraient pour fournir à la Réunion ou à Maurice tous les engrais que consomment actuellement ces deux colonies.

Nous n'avons pas jugé utile de faire assister le lecteur à chacune des opérations que comportent les préparations de ces engrais. Ce détail sortirait du cadre que nous nous sommes tracé pour ce volume et qui consiste à chiffrer chaque rendement sans nous préoccuper des procédés employés pour l'obtenir.

De même nous nous sommes borné à donner les principaux chiffres d'exportation ou de rendement des pays producteurs de viande sans suivre le détail de fabrication.

Nous nous réservons de donner des renseignements plus précis sur ces matières dans un ouvrage en préparation et traitant spéciament la question des conserves, des salaisons et des principales préparations des viandes.

Nous avons tenu, dans ce volume, à dresser une sorte de tableau des consommations et des productions des divers pays, de manière à frapper le lecteur par de simples comparaisons dégagées de toute considération technique.

Nous pensons, au point de vue spécial des engrais, avoir suffisamment établi les avantages que rencontreront les premiers pionniers qui tenteront la culture à Madagascar. Nulle part on ne peut trouver à la fois un climat aussi favorable, des terres aussi riches, un écoulement assuré, une production aussi facilitée par une foule de circonstances heureuses. Nous avons signalé ces circonstances de notre mieux, joignant notre voix à celles déjà si nombreuses et si éloquentes, qui ont appelé l'attention sur Madagascar et son avenir.

CHAPITRE IX

INDUSTRIES DÉPENDANT DE L'AGRICULTURE A CRÉER A MADAGASCAR. — PRIMES A ALLOUER. — USINES A CONSERVES ET A SUCRE. — FÉCULERIES. — DISTILLERIES. — RHUMERIES. — ATELIERS DE TISSAGE DES ÉTOFFES. — TANNERIES. — CORROIERIES. — CORDONNERIES. — ÉCOULEMENT DES PRODUITS AGRICOLES ET MANUFACTURÉS SUR L'AFRIQUE ET LES PAYS VOISINS.

Pour que l'industrie pastorale et ensuite agricole puissent suivre un développement normal, il est indispensable qu'elles soient doublées d'usines destinées à donner à leurs produits toute leur valeur marchande.

Si l'éleveur en était réduit à ne retirer de ses troupeaux que le prix de la viande consommée par la boucherie locale ou des animaux vivants destinés à l'exportation sur pieds, ce serait tarir dans sa source l'un des principaux revenus de l'île de Madagascar.

Si l'agriculteur qui plantera du manioc, du riz, de la canne à sucre n'avait à proximité les usines permettant de transformer ses produits en tapioca, alcool, rhum ou sucre, il en serait réduit à ne produire que les récoltes de consommation et quelques produits d'exportation n'exigeant pas de travail de transformation industrielle pour obtenir leur pleine valeur marchande. L'agriculture actuelle suffirait pour une telle production.

Il est donc indispensable que l'industrie marche de pair avec l'agriculture et c'est ici surtout qu'il est nécessaire de faire appel aux capitaux français.

Ceux-ci sont peu audacieux de leur nature. Si on ne leur parle pas de mines d'or ou de diamant ou de sources de bitume du Maroc, ils se montrent obstinément réfractaires à l'exportation. Nous pouvons regretter cet état d'esprit, mais il nous serait impossible de le changer.

Il est indispensable que l'appel qui leur sera fait vienne de haut et émane de l'administration elle-même qui paraît désintéressée dans la question et dont les avis ne pourront être suspectés.

Pour obtenir la création d'usines de congélation de viande, le Congrès de la République Argentine vota, en 1888, des crédits destinés à donner une garantie de revenu de 5 pour 100 aux premiers quarante millions qui seraient affectés à cette création.

Pourquoi Madagascar n'agirait-il pas de même ?

Pourquoi Madagascar ou le Gouvernement français ne garantirait-il pas, pendant dix ans, un revenu de 5 pour 100 aux premiers capitaux affectés à la création d'usines destinées à développer la culture dans notre grande colonie ?

Les usiniers désirant bénéficier de cette garantie auraient à demander au Gouvernement leur concession territoriale en indiquant le genre d'usine qu'ils comptent édifier et en fournissant le devis de la dépense, et le rendement probable de l'opération.

Après une étude attentive, le Gouvernement accorderait sa garantie pour les usines qui lui paraîtraient répondre à un besoin réel et avoir des chances sérieuses de succès.

Les féculeries, distilleries, sucreries, etc., se créeraient dans les centres agricoles où se trouveraient établis des planteurs en nombre suffisant pour alimenter l'usine, dont l'importance varierait avec celle de la population agricole. Dans les régions d'élevage, ce seraient des usines à conserves, à salaisons, à viandes congelées, etc., qui seraient édifiées. Toutes ces usines ont les plus grandes chances de succès et il est probable que la garantie ne s'exercerait pour aucune d'elles. C'est d'ailleurs ce qui s'est produit dans la République Argentine. Le crédit voté par le Congrès n'a jamais été entamé, mais les sociétés qui se sont établies, sous l'influence de cette mesure, ont dépensé un capital de plusieurs centaines de millions. La valeur de l'exportation annuelle de la seule viande congelée dépasse cinquante millions de francs et elle augmente tous les ans ; le suif, la margarine, le beurre, les cuirs exportés depuis cette création représentent plusieurs centaines de millions.

En supposant que la garantie offerte par la République Argentine eût été pleinement atteinte, que représentent les deux millions de francs que le Gouvernement aurait annuellement dépensés, à côté du revenu que retire le pays d'une pareille industrie ?

Supposons que la colonie de Madagascar offre une garantie pareille, pendant dix ans, aux premiers cent millions de capitaux français qui seront affectés à la construction de telles usines, que se produira-t-il?

On construira non pas pour cent millions, mais pour cinq à six fois cette somme d'usines diverses, car lorsque le montant de la garantie aura été atteint, le mouvement industriel ne s'arrêtera pas pour cela et les capitaux, ces moutons de Panurge, afflueront à Madagascar parce que, forcément, parmi les premières industries créées, il s'en révélera de très prospères.

Mais prenons seulement les cent millions couverts par la garantie. Quelle sera la mesure dans laquelle celle-ci sera atteinte? Combien y aura-t-il d'établissements qui ne réussiront pas et qui auront besoin d'être secourus?

Aucun, si les établissements ont bien été aménagés et s'ils ont été édifiés avec discernement au milieu de planteurs pouvant les alimenter.

Tout au plus peut-on croire que le dixième de ces usines aura recours à la garantie, sous l'influence de circonstances imprévues et particulièrement défavorables.

Supposons que cette garantie soit atteinte

pour 50 pour cent, chiffre absolument exagéré. Le Gouvernement de Madagascar aura à supporter de ce chef une dépense annuelle de 2.500.000 francs pendant dix ans, soit, au total, vingt-cinq millions de francs payables par annuités.

Que recevra le pays en échange d'un tel sacrifice ?

Nous allons le chiffrer.

Dans les usines que nous prévoyons, le matériel et le fret représentent 50 pour 100 de la dépense ; la construction et la mise en place représentent les 50 autres pour 100.

Les industriels français qui auraient créé cet important outillage auraient donc reçu cinquante millions de francs, qui seraient répartis en main-d'œuvre, matières premières, transports, etc., alimentant d'autant une foule d'industries nationales.

Il serait dépensé dans la colonie en main-d'œuvre, matériaux de construction, transports par eau, combustible, etc., cinquante autres millions de francs.

L'importation pour les vêtements, la nourriture du personnel, etc., aurait donné une plus-value de douane sensible. La monnaie en circulation dans le pays aurait augmenté de cinquante millions. Le Gouvernement français aurait à frapper pour cinquante millions de monnaie nouvelle, laquelle lui coûte 90 francs le kilogramme de métal et 10 francs de frais généraux ou de frappe, laissant 50 pour 100 de bénéfice net à l'Etat, qui vend cette monnaie 200 francs le kilogramme (1). Il y aurait donc eu vingt-cinq millions de bénéfice sur la seule frappe de la monnaie donnant, par anticipation, une somme suffisante pour faire face aux versements de la garantie pendant les dix années.

Mais, les usines une fois édifiées, le travail de celles-ci produirait un mouvement annuel qui est, au minimum, de trois fois la valeur des usines elles-mêmes. En effet, les rendements des usines sont très variables selon leur affectation : certaines usines transforment annuellement des matières premières pour une valeur représentant quinze et même vingt fois le prix de l'usine et de son outillage ; d'autres, plus coûteuses ou d'un rendement moins considérable, ne transforment

______

(1) Voir sur ce sujet une brochure du même auteur : *Madagascar et ses richesses.* — Challamel, 17, rue Jacob, 1896.

annuellement des matières premières que pour une valeur représentant cinq ou six fois leur propre montant : nous mettons un minimum de trois fois la valeur de l'outillage industriel pour nous tenir au-dessous de la vérité.

Ce serait, comme on le voit, un mouvement industriel transformant annuellement pour trois cents millions de marchandises. Ces usines emploieraient une main-d'œuvre représentant une dépense annuelle de plus de vingt millions de francs.

Ces milliers d'ouvriers, mettant eux-mêmes en circulation leur important salaire, demanderaient au commerce local leurs vêtements, leur mobilier, leurs vivres quotidiens, développant ainsi le mouvement d'échange entre la France et sa colonie.

La valeur de l'exportation des produits de Madagascar dépasserait sensiblement le montant de l'importation des objets nécessaires aux agriculteurs et aux ouvriers. Quelle serait l'importance de ce dépassement ? Nous ne voulons pas chercher à le chiffrer.

C'est ce chiffre qui doit représenter l'accroissement de fortune des agriculteurs, éleveurs, ouvriers et industriels. Nous nous bornerons à faire observer que, sur ce chiffre, le Gouvernement français prélèvera les 50 pour 100 de bénéfices qu'il réalise sur les émissions de monnaie d'argent.

Que seraient les 2.500.000 francs de la garantie d'intérêts à côté des rendements d'impôts et des revenus que nous avons signalés ?

Une somme insignifiante.

Nous pensons donc que l'Administration n'hésitera pas à entrer dans la voie que lui a tracée la République Argentine en 1888 et qui a donné de si bons résultats à ce Gouvernement.

Il faut que les Etats utilisent les mœurs de leurs habitants et prennent des dispositions qui soient en concordance avec l'état d'âme de leurs citoyens.

Dans les colonies anglaises et dans les pays d'origine anglo-saxonne, l'initiative s'éveille d'elle-même et le gouvernement n'a pas besoin de l'encourager.

Le colonies australiennes, les Etats-Unis sont une preuve de la force d'expansion de la population et des capitaux anglais.

Dans les pays où dominent les races latines, au contraire, l'initiative privée est lente, timorée, hésitante. L'Etat est obligé de tracer la voie et de soutenir et développer les efforts individuels.

La République Argentine a dû encourager l'industrie des viandes, alors qu'il était bien démontré que les animaux de boucherie s'y vendent deux fois moins cher que dans les Etats-Unis.

Les habitants de Chicago affectent des milliards à travailler les viandes. Sans l'effort du gouvernement local, cette industrie serait morte dans l'Amérique du Sud.

C'est contre cette apathie, cette timidité native, que notre administration a à lutter. Elle doit prendre des mesures en conséquence tout comme l'a fait la République Argentine.

Si ces mesures ne sont pas décidées dès le début, si ces encouragements ne sont pas judicieusement attribués à nos capitaux nationaux, il faut nous résoudre à voir se créer de puissantes sociétés étrangères qui viendront récolter chez nous, à l'ombre de notre pavillon, les revenus que nous laisserons improductifs.

Nous avons nous-même fait toutes sortes d'efforts pour pousser les capitaux français vers Madagascar, nous avons décrit les richesses de ce merveilleux pays à des propriétaires et financiers qui ne savent que faire de leurs revenus annuels et de leurs capitaux disponibles; ces renseignements ont paru intéressants, on les a écoutés avec bienveillance, avec une curiosité très soutenue, mais lorsque nous avons invité nos auditeurs à tourner leurs efforts vers la grande île africaine, nous n'avons plus trouvé que des indifférents.

Par contre, nous avons été sollicité de fournir des notes et des études par une foule de grandes sociétés étrangères qui se déclarent disposées à jeter leur dévolu sur Madagascar, aussitôt que leur gouvernement se sera mis d'accord avec le nôtre sur le traitement qui sera appliqué aux industriels étrangers, allant se fixer dans notre colonie.

Toutes les grandes sociétés belges, américaines, anglaises et même allemandes qui font le commerce de l'importation de la viande en Europe, ont jeté un regard sur Madagascar. Elles ont essayé d'obtenir les renseignements les plus précis. Leurs plans sont préparés et l'exécution ne peut s'en faire attendre long-temps.

Le moment est donc décisif. Il faut coloniser Madagascar par nous-mêmes ou livrer ce pays, dont la sécurité peut être si facilement assurée, aux capitalistes des nations voisines.

Si notre gouvernement ne veut pas faire le nécessaire pour mettre en valeur les richesses naturelles de Madagascar en prenant des mesures qui décident nos capitaux à se porter sur cette contrée, nous aurons, encore une fois, conquis pour nos voisins. Nous serons les propriétaires nominaux de la grande île dont toute l'industrie bénéficiera aux Anglais, aux Allemands ou aux Américains.

Les richesses de Madagascar sont reconnues universellement ; elles ne resteront pas long-temps improductives et c'est d'ailleurs un résultat que nos administrateurs doivent dési-rer et poursuivre. Dans son arrêté sur les concessions territoriales, M. le Résident général a fait une distinction suffisante entre nos nationaux et les étrangers qui iront se fixer à Madagascar en décidant que les con-cessions gratuites ne peuvent être accordées qu'à des personnes justifiant de leur qualité de citoyen ou de protégé français, et en permettant à tout colon quelconque d'obtenir des terres à titre onéreux.

Le Gouvernement français peut et doit accorder des encouragements analogues à nos industriels et financiers nationaux. Nous n'en voyons la possibilité que dans l'attribution d'une garantie d'intérêt aux usiniers français qui iront s'établir dans le pays avec des capitaux français. Les industriels étrangers pourront s'établir à leurs risques et périls et à charge de supporter les impôts locaux dont nos industriels nationaux pourront être exemptés au début pendant la période de garantie d'intérêts, mais à charge d'introduire dans le pays un outillage français transporté par des navires français.

Il est juste que notre industrie nationale bénéficie du mouvement qui sera produit par les encouragements de notre Gouvernement.

M. Etienne ayant à administrer nos colonies avait trouvé un système capable de stimuler l'émigration de nos capitaux, c'était la création des grandes compagnies de colonisation exerçant sur d'immenses territoires improductifs, des droits régaliens.

Il y avait là une idée qui méritait d'être adoptée et voici en quels termes elle fut présentée au Sénat par le rapporteur (1)

« L'option se pose en ces termes :

« Si ces compagnies sont possibles, il ne faut pas seulement les souhaiter, il faut les susciter, leur faire un pont d'or. Si ces compagnies sont impossibles, soit que l'esprit d'aventure et d'entreprise nous manque, soit que notre *droit public* s'y oppose, il faut subir honnêtement cette pénible nécessité, réfréner rigoureusement notre orgueil et loyalement nous démettre en tant que grand propriétaire africain, nous contentant d'un jardinet à cultiver sur le rivage ».

Le système que nous proposons s'harmonise mieux avec l'état de nos mœurs ; il serait accueilli sans trop grandes récriminations par l'opinion, il ne froisse aucun sentiment national et est d'accord avec notre droit public.

Nous avons cherché tous les moyens pra-

(1) M. André Lavertujon.

tiques de faire de Madagascar un pays bien français ; nous n'avons trouvé que celui que nous signalons et pour lequel l'exemple nous a été donné, il y a huit ans, par la République Argentine, pays de mœurs françaises, avec lequel la France entretient un mouvement commercial plus important que celui qu'elle fait avec l'ensemble de toutes les colonies françaises.

L'encouragement que nous demandons au Gouvernement ne saurait être onéreux en aucun cas. Nous avons établi que sa charge correspondrait à un mouvement commercial et industriel qui donnerait plus de revenus qu'il ne pourrait imposer de sacrifices.

On peut les diviser en deux catégories :

1º Les industries s'appliquant à des produits qui existent déjà et qu'il s'agit de mettre en valeur ;

2º Les industries qui doivent permettre le traitement ou la mise en valeur de produits agricoles à créer par nos futurs colons et qui devraient édifier des usines à mesure que la colonisation se développera.

Nous allons examiner tour à tour ce que devraient être ces industries.

Dans la première catégorie, nous classerons comme produits immédiatement disponibles :

1° La viande sous ses diverses formes commerciales ;

2° Les industries textiles ;

3° Les industries se rapportant au traitement du cuir des animaux de boucherie abattus à Madagascar.

Dans la deuxième catégorie, nous classerons toutes les usines se rapportant au traitement industriel des produits agricoles devant être transformés pour obtenir toute leur valeur marchande.

Les usines destinées à ces deux catégories sont d'importance essentiellement variable.

En ce qui concerne le traitement rationnel et méthodique des viandes, une usine munie de l'outillage le plus perfectionné avec chambre de congélation, tannerie, porcherie, savonnerie, ateliers d'engrais, distillerie de grains, féculerie de manioc, etc., comporte une dépense de trois millions de francs pour un traitement de trois cents bœufs par jour. C'est donc une mise dehors d'outillage de 10.000 francs par bœuf journellement travaillé.

Chaque bœuf entièrement traité en sous-produits de toutes sortes donne un rendement de 300 francs. Nous constatons, par ce calcul, que 10.000 francs d'outillage permettent de fournir 100.000 francs par an de matières travaillées, soit dix fois la valeur des outils et immeubles.

On peut affirmer que Madagascar comporte l'établissement immédiat de dix de ces usines, représentant une dépense totale de trente millions de francs, et donnant une exportation de viande, suif, cuirs, salaisons, charcuterie et conserves de trois cents millions par an, avec un abatage d'un million de bœufs.

Les usines qui s'établiraient ensuite devraient le faire à leurs risques et périls : ce serait une industrie lancée, qui n'aurait plus besoin d'aucun encouragement.

Nous ne notons ici que pour mémoire l'économie que réaliserait le Ministre de la Guerre sur les viandes et les conserves qu'il utilise pour l'alimentation de l'armée.

En ce qui concerne les conserves de bœuf bouilli, une loi du 11 janvier 1896 décide que le Ministre devra demander son approvisionnement tout entier à la France, aux

Colonies françaises et aux pays de protectorat. Quelle sera la conséquence de cette loi? Nous l'avons dit. Les conserves fabriquées en France coûtent plus de 3 francs le kilogramme. Celles qui se fabriquent dans les Colonies françaises ne peuvent être produites que par la Nouvelle-Calédonie ou Madagascar. En Nouvelle-Calédonie, la viande coûte 0 fr. 75 le kilogramme, c'est-à-dire sept fois et demie plus cher qu'à Madagascar. Les frais de transport de l'usine en France sont deux fois plus élevés.

Le fournisseur de ces conserves a déclaré lui-même au Ministre de la Guerre, dans une de ses soumissions, qu'il ne pouvait livrer ces conserves au-dessous de 2 francs le kilogramme, qui était son prix de revient.

Si Madagascar n'a qu'une seule ou deux usines, il y aura fatalement entente entre les deux ou trois fournisseurs coloniaux qui demanderont un prix fort élevé de leurs conserves. Ce fait s'est déjà produit, et le Ministre a fort sagement refusé d'approuver une adjudication dans laquelle on lui demandait 1 fr. 95 le kilogramme pour les conserves de Madagascar. S'il y avait une dizaine d'usines concurrentes, cette entente ne serait plus possible, et le Ministre ne paierait pas ses conserves plus de 1 fr. 30 le kilogramme, prix que paie le commerce pour les conserves de Chicago. Ce serait une économie de 0 fr. 70 par boîte pour cinq millions de boîtes par an, soit 3.500.000 francs dépassant l'ensemble de la garantie d'intérêt.

———

Les filatures et les industries textiles comporteraient les métiers divers pour tisser le rafia et la soie, en attendant que la récolte de coton permît de fabriquer les étoffes convenant à Madagascar et aux pays voisins. Ces ateliers utiliseraient des produits qui peuvent, sans inconvénient et à peu de frais, être transportés sur quelques points de la côte, soit à dos d'hommes, soit par les caboteurs. Une de ces usines suffirait au début et les usines concurrentes s'établiraient ensuite, au fur et à mesure des besoins et sans qu'il fût indispensable de leur accorder une garantie.

Les ateliers destinés à travailler les cuirs provenant des animaux de boucherie comporteraient quelques tanneries, des corroieries, des ateliers de cordonnerie. La main-d'œuvre malgache est d'un prix infime ; certains ouvriers acquièrent cependant une valeur professionnelle remarquable. Avec quelques maîtres-ouvriers bien entendus, on pourrait former des ateliers fournissant la chaussure, les harnais, les courroies, la sellerie, nécessaires aux pays voisins et à toute l'Afrique australe qui en consomme de grandes quantités.

Ces ateliers ne comportent pas un outillage très coûteux. Avec deux millions de francs, on pourrait créer quelques tanneries secondaires et des ateliers utilisant une partie des cuirs produits par les usines à conserves qui seraient doublées d'une tannerie.

Donc les usines et ateliers s'appliquant aux produits locaux existants (viande, cuirs, matières textiles) représenteraient une dépense de trente-cinq millions de francs, et ne nous paraissent pas devoir recourir à la garantie d'intérêts, qui serait purement fictive et stimulatrice.

Reste la deuxième catégorie, comportant les usines qui doivent permettre le traitement des produits agricoles à créer par les futurs colons.

Ces usines sont : les usines à sucre, les

distilleries et rhumeries, les féculeries, etc.
Chaque colon joindra à sa propriété les aires
de dessèchement, les hangars, les étables.
les fosses dont il aura besoin pour remiser
ses récoltes, préparer ses engrais, loger ses
animaux, etc.

Il ne s'agit donc pas de donner une garantie d'intérêt sur les acquisitions d'instru-
ments agricoles ou sur les locaux de chaque
colon ; il s'agit d'encourager les industriels
qui consentiront à créer des usines, afin
d'obtenir ces créations dans le plus bref délai
possible.

Comment devrait-on procéder pour ces
créations ? On ne va certainement pas les
édifier au hasard. L'industriel décidé à ériger
une de ces usines devra d'abord rechercher
des producteurs disposés à planter ou semer
les récoltes qu'il s'agit de transformer. Il
faudra donc voir quel sera le centre qui
conviendra le mieux et qui pourra le plus
facilement être abordé par les produits agricoles du voisinage.

Les usines à sucre, par exemple, devront
ne s'établir que dans les régions convenant
complètement à la culture de la canne. Il

faudra s'assurer le concours de colons s'engageant à planter annuellement telle quantité d'hectares de terre en cannes à sucre. Quand on aura recueilli un nombre suffisant d'adhésions pour assurer le fonctionnement normal d'une usine, on dressera le devis de celle-ci en prenant l'outillage le plus perfectionné et mettant à profit toutes les découvertes les plus récentes.

Il ne restera plus qu'à soumettre à l'Administration locale la note des engagements des Colons, le devis du coût de l'usine, le revenu probable qui doit dépasser sensiblement l'intérêt du capital engagé et à demander la garantie éventuelle du gouvernement de Madagascar. Ce ne sera par conséquent que dans des cas fortuits, par suite de circonstances imprévues, que le Gouvernement aura à intervenir pour fournir le complément d'intérêt nécessaire.

Les usines à sucre devront être doublées de rhumeries permettant d'utiliser la canne au mieux des intérêts du planteur et de tirer parti des déchets de toute nature.

Les distilleries pourront être nombreuses, le grain devant être produit à vil prix par les agriculteurs dans ces terres vierges, d'une irrigation facile, jouissant de températures propres aux cultures hâtives. Une distillerie bien établie représente une dépense assez considérable.

Nous estimons qu'elle ne saurait être inférieure à 500.000 francs.

Mais, pour cette industrie, nous croyons que les mécomptes seront plus rares, que pour les usines à sucre. Pour la canne à sucre l'agriculteur ne peut planter qu'après s'être assuré la création d'une usine, sa récolte ne représente encore qu'une évaluation que les événements peuvent démentir. Le sol peut ne pas convenir à sa culture, il peut lui-même ne pas être en mesure de donner à ses champs toutes les façons qu'ils demanderaient ; il peut survenir une maladie de la canne, un cyclone ou un événement fortuit qui ruine ses espérances et dont la répercussion se fait sentir sur l'usine.

La distillerie au contraire, ne viendra que lorsque le colon aura déjà assuré par sa récolte, l'alimentation de son personnel, dé ses animaux, et dirigé sur les centres voisins la partie de sa récolte destinée à être vendue.

Ce ne sera que le trop plein qui sera dirigé sur la distillerie dont les prix ne seront jamais bien élevés.

Celle-ci ne sera par suite édifiée que lorsque le besoin s'en fera sentir, en présence de récoltes surabondantes et moyennant des engagements des colons qui seront généralement tenus.

Les féculeries et meuneries répondront rapidement à un besoin réel ; elles pourront être adjointes aux distilleries ou créées en dehors de celles-ci. Elles devront produire la farine de manioc, le tapioca et pouvoir écraser et travailler tous les genres de grains que produira le pays.

La culture du manioc est celle qui donnera les résultats les plus immédiats. En quelques mois la récolte est prête et donne jusqu'à 50 tonnes de racines par hectare. Mais le manioc est d'une conservation assez difficile et il faudra que la féculerie qui le travaillera puisse alterner ses opérations.

Il est vrai que nous n'avons vu à Madagascar que le manioc cultivé par les indigènes qui se bornent à le planter en octobre, avant la saison des pluies, pour le récolter en mars.

Ne pourrait-on, par des irrigations, obtenir du manioc en toute saison, en ayant soin de varier les plantations sur le même sol pour ne pas l'épuiser? Nous n'en savons rien, notre rôle s'étant borné à acheter aux indigènes le produit de leur récolte sans nous préoccuper d'en modifier la culture.

Nous signalerons encore une culture qui a donné d'abondantes récoltes dans les départements méridionaux de la France et qui est pratiquée dans toutes nos colonies intertropicales : Nous voulons parler de la patate douce, qui donne de 25.000 à 30.000 kilogrammes de produits à l'hectare et qui peut en produire jusqu'à 100.000 kilogrammes en adoptant la méthode de plantation en fossettes. mise en pratique avec tant de succès par M. Auguste de Gasparin.

L'igname de Chine donne. en Algérie. un rendement de 33 tonnes à l'hectare. Quelle précieuse ressource l'agriculture peut trouver dans ce produit judicieusement travaillé !

Nous en dirons autant du topinambour. qui donne de 20 à 25 tonnes de tubercules et 14 tonnes de fanes sèches à l'hectare (tiges et feuilles) utilisables comme combustible.

Un hectare de topinambours fournit ainsi, outre son abondant produit de tubercules, l'équivalent de 20 stères de bois à brûler.

Quelles ressources nombreuses et puissantes pour chaque usine qui trouverait ainsi à proximité le combustible en même temps que la matière première.

Quant aux porcheries formant des annexes des usines à conserves, on voit quel développement énorme elles peuvent recevoir.

Les industries de la distillerie, de la féculerie et de la meunerie devront utiliser les résidus de leur fabrication à l'élevage de porcs, à moins qu'elles ne trouvent plus avantageux de s'entendre avec l'une des usines à conserves qui pourrait acheter ces drèches ou les échanger contre des engrais destinés aux planteurs voisins de la féculerie.

Toutes les usines désignées ci-dessus devront comprendre dans leur devis une voie ferrée portative de 10 kilomètres et une trentaine de wagons ou plate-formes pour les transports.

Nous les engageons à prendre cette voie à un écartement de 0 m. 40 et de le choisir du système Legrand entièrement démontable et présentant de grands avantages sur le système Decauville. Ils y trouveront d'abord une différence de prix très sensible et un écart de 50 pour 100 sur les frais de transport. La voie Legrand, entièrement démontable, est embarquée au poids; la voie de Decauville, rivée sur ses traverses paie le fret à l'encombrement.

Enfin pour le transport sur place dans un pays qui manque de routes, la voie Legrand est divisible en poids trois fois moindres que ceux de la voie Decauville du même calibre.

Il faut ne pas perdre de vue que Madagascar manque complètement de voies d'accès, qu'il n'existe aucun chemin, aucun sentier reliant les villages entre eux. A plus forte raison ne peut-on compter sur une route pour transporter les produits des champs aux usines, même voisines. La petite voie ferrée portative rendra donc de signalés services et permettra de gagner un temps précieux.

Nous avons indiqué, dans les chapitres précédents, ce qu'on pourrait faire des produits et sous-produits provenant des usines à conserves, il nous reste à indiquer ici ce que devront devenir les produits des usines dont nous demandons qu'on subventionne la création.

Le sucre devra être dirigé sur la France et traité comme l'est celui des colonies françaises ; mais peut-être sera-t-il plus avantageux, lorsque le pays produira du cacao, de fabriquer le chocolat destiné à la consommation de Madagascar et des pays voisins.

La lutte ardente que se livrent, sur tous les marchés, les produits industriels promet la victoire à celui qui, à conditions égales, pourra obtenir les plus bas prix. En évitant les frais de transport, sur la France, du cacao et du sucre, en économisant le deuxième fret qu'acquitte le chocolat pour revenir à Madagascar ou dans les pays voisins, en échappant surtout aux avaries que produit la fermentation des cales sur les graines de cacao, enfin en utilisant la main-d'œuvre malgache qui produira à bas prix tout ce qui pourra lui être demandé, on doit obtenir une supériorité de qualité et une réduction du prix de vente qui permettra un écoulement considérable de ce produit tant en Afrique que dans les colonies voisines.

Le tapioca, les farines de manioc de taro, de

riz, etc., devront être dirigées sur les pays voisins et enfin sur la France qui fait venir du dehors tout ce qu'elle consomme de ces produits.

Les alcools permettront de produire sur place la plupart des liqueurs dont la consommation est considérable dans ces parages. Le surplus devra être dirigé sur la France en tenant compte que les alcools provenant des colonies françaises, sont admis en France en franchise des droits de douane.

Quant aux cuirs travaillés et aux chaussures, nous avons dit qu'il faudrait diriger sur l'Afrique les parties que Madagascar ne consommerait pas.

Du reste pour tous ces produits, Madagascar serait un premier consommateur important, et les pays voisins, par le mouvement d'expansion coloniale qui se dessine, auront besoin de ces productions en quantités sans cesse croissantes.

Si le Gouvernement veut faire de Madagascar un pays utile, s'il veut ne pas en faire une colonie de fonctionnaires, il faut qu'il autorise d'une part un échange de produits qui équilibre la production et la consommation entre la Métropole et la Colonie. Il faut,

d'autre part, qu'il encourage les efforts individuels en rassurant les capitaux et en leur
prouvant qu'il est disposé à les protéger.

En juin 1893, dans une circulaire fort
remarquable adressée aux Gouverneurs de
nos colonies, M. Delcassé leur traçait leur
devoir en ces termes :

« Mettre en valeur les vastes territoires
qui nous sont acquis, y créer des exploitations
agricoles, développer la force productive des
colonies et, par cela même, accroître leurs
relations commerciales avec la France ; améliorer ou créer les voies de communication
et de pénétration, tel est, dans ses grandes
lignes, le problème qui s'impose et dont la
solution intéresse et préoccupe un nombre
de jour en jour plus grand d'hommes dévoués
à la cause de l'expansion coloniale.

« Dans cette œuvre, le rôle principal appartient à l'initiative privée. Mais l'initiative
privée a besoin d'être encouragée et soutenue
par le Gouvernement et par ses agents.

«.... J'estime que l'Administration peut
et doit se considérer comme l'auxiliaire et la
protectrice désignée des hommes de bonne
volonté qui consacrent leur énergie, leurs

forces et leurs capitaux à la mise en valeur de notre domaine d'outre-mer.

« L'Administration doit avoir à cœur de les aider, de leur faciliter leur tâche, *de briser les entraves que des règlements trop étroits, des préjugés, la routine ou de fausses considérations fiscales* peuvent encore opposer au développement et à la vie même des entreprises naissantes. »

Quelle ampleur de vues, quelle sagesse dans ces précieuses recommandations. Combien il est utile que nos administrateurs coloniaux s'en inspirent. Il suffit parfois d'un seul fonctionnaire investi d'une haute situation, pour amener la ruine de l'œuvre la mieux conçue. Il serait nécessaire que, lorsque les faits prouvent une intervention néfaste de cette nature, le fonctionnaire fût immédiatement révoqué ou mis à la retraite. On trouvera toujours des fonctionnaires, on trouve plus difficilement des colons ou de gros capitalistes disposés à porter leurs efforts sur nos pays d'outre-mer.

Jusqu'à ce jour, nos colonies ont été des nids à fonctionnaires et le refuge des nullités bien apparentées. L'opinion publique s'est

prononcée avec énergie contre le fonction-
narisme colonial, l'Aministration paraît ani-
mée de dispositions plus bienveillantes pour
les colons. Le jour où elle se portera garante
de leur succès, elle aura achevé de détruire
l'impression qui se dégage des agissements
de ses fonctionnaires et qu'on peut résumer
par ces mots :

« La France a les plus belles colonies du
monde : les fonctionnaires y ont amoncelé
ruines sur ruines.

CONCLUSION

Le lecteur a dû comprendre dans quel sens et dans quel but nous avons écrit ce volume.

Au moment où s'organise le régime qui sera appliqué à notre colonie de Madagascar, nous croyons qu'il est du devoir de tous ceux qui s'intéressent à ce merveilleux pays de donner leur sentiment sur le parti qu'on peut tirer de ses ressources.

L'Administration est déjà entrée dans une excellente voie. On n'a fait qu'un usage très modéré des vieux fonctionnaires coloniaux qui traînent dans les hauts grades des fonctions publiques leur personnalité inutile, si souvent nuisible. Le pays doit être administré par le pays sous l'autorité des délégués de la France pris en dehors des corps routiniers des administrations coloniales.

Ce sont d'excellentes mesures. Il faut les généraliser. Il faut laisser à chaque tribu ses chefs et son administration, sans créer de hiérarchie nouvelle. Il faut laisser les Hovas dans l'Imérina et les soumettre aux autorités locales indigènes quand il leur plaira de se transporter dans les tribus voisines. Ce serait une erreur grave que de vouloir faire de la reine hova la souveraine de l'île. Ce serait laisser croire aux tribus hostiles aux Hovas que nous ne sommes pas les vrais maîtres et qu'il y a, au-dessus de nous, une tribu dont l'appui nous est nécessaire pour gouverner le pays.

Le Gouvernement français peut prendre les mesures qu'il jugera utiles pour notifier aux puissances étrangères que notre conquête a été signée par la reine de la tribu contre laquelle nous avons fait une expédition militaire ; il peut même laisser à cette souveraine un semblant de pouvoir sur le pays hova, mais il faut que cela n'aille pas plus loin. Il n'y a, il ne peut plus y avoir qu'un souverain à Madagascar : c'est le Gouvernement de la France. Sous l'autorité de ses fonctionnaires, la République peut déléguer une part d'administration aux chefs reconnus des diverses tribus, mais ce n'est là qu'une délégation provisoire et toujours révocable.

Plus tard, le pays fournira ses fonctionnaires, ses administrateurs, et il faut espérer que ceux-ci seront choisis parmi les colons qui, familiarisés avec les lois et les coutumes des tribus voisines, sauront mettre, dans la transformation des usages locaux, les tempéraments nécessités par l'état de progrès des indigènes.

Pour le moment, le Gouvernement doit donner une vive impulsion à la colonisation de Madagascar. Les hommes s'y transporteront facilement quand les capitaux et le travail les y appelleront. Nous croyons que la France a le devoir de faciliter les établissements industriels qui peuvent si puissamment contribuer au développement de ce pays. Nous sommes convaincu que l'administration fera tous ses efforts pour obtenir ce résultat.

Nous ferons appel à la Commission des Colonies saisie de la proposition de M. Brunet, relative à la colonisation et au régime de l'administration intérieure dans l'île de Madagascar et nous lui recommanderons cette résolution si admirablement présentée et dont nous mettons les dernières lignes sous les yeux de nos lecteurs :

« Réserve faite de ses imprescriptibles protestations, la France n'a pas pour objectif des accroissements en Europe ; son rôle sur le vieux continent, celui qu'elle a si magnifiquement rempli jusqu'à ce jour, c'est de former un ardent foyer de civilisation, de concevoir des idées nouvelles et de les féconder de son travail, parfois de son sang, n'en profitant souvent elle-même qu'après que les autres en ont tiré les principaux avantages. Cependant elle ne peut, pour conserver sa situation de grande puissance, se cantonner dans une sphère déterminée : l'horizon pour elle s'ouvre sur des territoires qui attendent encore les lumières de sa civilisation. Là, par une direction tutélaire et ferme à la fois des souverainetés locales, par une sage communication de ses mœurs et de ses institutions, elle peut transformer les populations indigènes et en faire des candidats intéressés à sa propre nationalité.

« Faute d'augmenter notre population par la procréation, ne nous reste-t-il pas la ressource de *franciser* des populations indigènes ?

« Ainsi se formerait, dans une large mesure, cette *France nouvelle*, rêvée par Prévost-Paradol, et nul ne peut dire qu'elle ne serait pas dans l'avenir un précieux appui et la réserve abondante de ressources et d'hommes pour le vieux sol national. C'est avec les légions recrutées dans les peuples protégés, puis assimilés par lui, que l'Empire romain résista pendant des siècles : c'est avec l'or et le blé de ces peuples qu'il vécut. Même, lorsque le foyer intellectuel de Rome pâlit, c'est du fond des provinces que revinrent vers l'Italie quelques rayons, reflet de la lumière éclatante que la Ville éternelle avait jadis projetée sur ses sujets lointains.

« En conséquence, j'ai l'honneur de vous soumettre la proposition de résolution suivante :

PROPOSITION DE RÉSOLUTION

« La Chambre invite le Gouvernement :

« 1° A lui soumettre un plan de colonisation de l'île de Madagascar, avec indication du système proposé pour les concessions de terre et de mine dans cette colonie ;

« 2° A reviser le décret portant organisation de la justice à Madagascar, de manière, tout au moins, que les indigènes puissent, dans tous les cas et de leur libre consentement, faire ressortir à la juridiction française leurs différends civils et commerciaux ; .

« 3° A organiser l'administration intérieure en utilisant, dans chacune des provinces, les éléments indigènes propres à chacune d'elles (1). »

. Nous nous associons pleinement à cette résolution et nous espérons que le Gouvernement, en réponse au premier paragraphe ci-dessus, soumettra un plan de colonisation comportant des garanties sérieuses de sécurité pour les capitaux et les futurs colons de Madagascar, mettant fin à l'ingérance administrative et tracassière qui a ruiné nos possessions d'outre-mer.

En nous adressant ses félicitations au sujet de notre précédente publication sur Madagascar (2), M. le Ministre des Colonies a fait

(1) M. Louis BRUNET, député de la Réunion.
(2) *Madagascar et ses richesses.* — Challamel, 1896.

connaître qu'elle lui paraissait intéressante par son originalité. C'est certainement une nouvelle originalité que de demander une garantie d'intérêts pour les capitaux engagés à Madagascar, espérons que M. le Ministre des Colonies voudra bien l'accueillir avec un égal intérêt.

Paris, mai 1896.

TABLE DES MATIÈRES